한국 정치현실의 철학적 성찰

Jin Kim: Philosophische Reflexion der politischen Wirklichkeit in Korea

한국 정치현실의 철학적 성찰

Jin Kim: Philosophische Reflexion der politischen Wirklichkeit in korea

김진 지음

UUP

한국 정치현실의 철학적 성찰

2007년 1월 15일 1판 1쇄 인쇄
2007년 1월 30일 1판 1쇄 발행

지은이 : 김 진
발행인 : 정 정 길
편집인 : 김 호 연
발행처 : UUP (울산대학교출판부)
689-749 울산광역시 남구 무거동 산29번지
☎ 052-259-2488 Fax 227-3011
등록 제 370-1996-000001호(1996.3.13)

ISBN 978-89-7868-959-1

값 5,500원

※ 잘못된 책은 바꾸어 드립니다.

서문

이 책은 우리나라의 현실 정치에 관한 일상철학적 성찰을 내용으로 하고 있다. 주로 경상일보, 울산매일, 울산노컷뉴스, 울산여성신문에 투고한 글들을 주제별로 정리해 보았다.

많은 사람들은 개혁과 참여를 표방하고 출범하였던 노무현 정부에 대하여 신선한 느낌을 받았을 것이다. 그러나 그것은 아주 잠시뿐이었고, 그의 내면에 숨은 보복감정이 적나라하게 펼쳐지면서 우리의 정치 구도는 아주 이상하고 위험한 방향으로 치닫기 시작하였다.

분노의 정치에 개혁은 실종되고 말았다. 그가 외치던 상생과 통합의 정치는 구호뿐이었고 저주와 상극의 난장판이 정가를 휩쓸었다. 최소한의 신뢰와 믿음조차도 사라지고 말았다. 개혁과 정의를 지향하던 많은 지식인들이 그 급류에 휩쓸려가고 말았으며, 최근에는 아주 저급한 일들이 계속 터져 나오고 있다.

이제 아무도 개혁을 믿지 않게 되었다. 그저 과거처럼 현상만이라도 유지해줄 수 있는 그런 정치인이 있다면 우리는 적극 지지해줄 것이다. 그래도 철학을 공부하는 사람으로서 세상에 비친 모습을 있는 그대로 기록하는 숙제를 마다할 수는 없었다. 이 글은 그렇게 맡겨진 과업의 소산물이다. 따라서 주제도 일정하지 않고, 하나의 사건이 때로는 좋게 보이기도 하고 아주 형편없게 보이기도 했던 그런 편린과 느낌들을 있는 그대로 속임 없이 드러내고자 하였다.

인터넷 매체가 급속도로 확산되고 온갖 비방이 난무하면서 이제 더 이상 골방에 갇혀 지내는 무기력한 선비들의 글 따위는 아무런 통제의 대상조차 되지 못한다. 그래서 이런 지적들은 아무짝에도 쓸 곳이 없을지 모른다.

그래도 세월이 흐른 후에 어쩌면 옛날 손짜장과 손칼국수를 찾아주는 사람들이 있는 것처럼 이 글이 다시 필요하게 될지도 모른다는 한낱 실오라기와 같은 마음을 담아서 그 동안 여기저기에 썼던 글들을 다시 끌어 모아보았다.

이 글에서 필자는 한국사회의 정치적 현실에 대한 비판적인 성찰을 담아내고자 하였다. 정치비평과 현실비판이 주류를 이루지만 우리의 삶을 보다 유익하게 하는 소중한 것들도 놓치지 않으려고 애썼다.

백운산 자락의 선필마을에서

2007년 1월 13일, 김 진

한국 정치현실의 철학적 성찰

차례

둘. . 이념논쟁과 국가 위기

셋. . 자주국가의 이상과 허상

넷. 가중되는 정치혼란

하나.. 배신의 정치와 정권의 추락

시대정신을 알아야 한다

시대정신을 정확하게 헤아리는 사람만이 최후의 승리를 얻을 수 있다. 민주당 이인제 후보의 결정적인 실책은 그가 치명적인 실수를 두 번씩이나 되풀이한 데 있다. 지난 번의 대선 경선에서 그가 결과에 승복하지 않은 것은 정치인으로서 치명적인 것이었다. 그러나 그것으로 끝나지 않고 그는 이번 민주당 대선후보 경선 과정에서도 또다시 음모론을 제기함으로써 자신의 비참과 불행을 모두 타인에게 전가하려는 태도를 보여주었다. 그는 경선 직전에도 김대중 대통령의 정책에 대하여 신랄한 비판을 가하였다. 아마도 그것이 자신의 표를 확보하는데 유리하다고 판단했기 때문일 것이다. 그런데 경선 도중에 노무현 돌풍이 불자 김심이 개입했다는 음모론을 제기한 후에 걷잡을 수 없을 정도의 인신공격전에 몰입하였다. 이것도 역시 그의 득표 전략의 일환이었을 것이다. 그러나 예상과는 달리 상대후보에 대한 그의 공격이 치열해질수록 득표율은 점점 더 뚜렷하게 추락하였다. 그의 정치적 실패는 국민들이 지금 무엇을 바라고 있으며, 정치인으로서 그 자신의 모습이 어떻게 보이는 가에 대하여 심각하게 고려하지 않은 데서 비롯되었다.

노무현 돌풍은 확실히 예상치 않은 변수임에 틀림이 없다. 그리고 그에 대한 비방전이 전례 없이 치열하였고, 심지어는 조선일보와 동아일보 같은 거대 언론사의 집요한 공세에도 불구하고 표심의 방향에 별다른 조짐이 없는 것은 참으로 기이한 일이다. 옛날 같으면 생각할 수도 없는 일이다. 그러나 그 역시 최근에 언론의 자유를 훼손하는 발언파문과 관련하여 자신의 입장을 보다 명확하게 밝히지 못한 것은 상당한 실책이라고 하지 않을 수 없다. 현 정부의 개혁정책 가운데 실패작 중의 하나인 언론정책은 결과적으로 참담할 정도의 국민적 패배의식만 남겨주었다. 그 와중에서 언론개혁을 가장 강력하게 지지했던 노무현 의원이 대선 후보로 부각되면서 해당 언론사의 표적이 된 것은 지극히 당연한 일이다. 노무현 후보와 일부 언론사들의 대립은 엄밀하게 말해서 국가정체와 언론자유의 문제가 아니라, 부정의한 방식으로 언론권력을 휘두르는 일부 언론재벌에 대한 최소한의 시정요구와 관련된 것이었다. 따라서 노무현 후보가 최근에 언론사의 공격을 비켜가려고 얼버무린 것은 그의 지지자나 반대자 모두에게 오해를 받을 소지가 있다.

민주당의 경선이 주말연속극으로 비유될 정도로 인기를 끌면서 가장 마음 졸였던 사람은 아마 이회창 후보였을 것이다. 얼마 전까지만 해도 그는 가장 안정적인 위치를 점유하고 있었다. 그러나 박근혜 전 부총재의 요구를 무시하는 등, 일인독주체제를 가동시키려는 과정에서 그는 치명적인 손상을 입게 되었고, 김대중 대통령의 아들들이 관련된 것으로 의혹 받고 있는 각종 비리사건들조차도 그에게 오히려 불리하게 작용할 수 있다는 기묘한 연관성 때문에 곤혹스러운 것이 사실이다. 과거 같으면 집권당의 부정부패와 비리가 야당에게 결정적으로 유리한 국면으로 작용할 수 있겠지만, 여러 가지 형태의 원죄들을 안고 있는 이회창 후보에게는 부메랑이 될 수도 있기 때문이다. 대한민국 최고의 학벌과 최상의 성공가도를 달려왔던 카리스마형 엘리트의 이미지조차도 국민들에게 희망을 주지 못한다는 사실에 대하여 심각하게 고민해야 할 것이다. 변화하는 시대상황과 시대정신을 정확하게 헤아리지 못하는 한, 국민의 절대적인 지지를 얻을 수 없다.

걱정스러운 것은 이처럼 대선후보들이 가시화되고 있기는 하지만, 국민들의 마음을 결정적으로 움직이기에는 역부족이라는 사실이다. 그래서 몇 사람의 다크 호스를 점쳐보기도 한다. 그러나 이제 분명한 것은 시대정신을 정확하게 헤아리는 사람만이 새로운 시대에 걸맞은 지도자가 될 수 있다는 사실이다. (2002.04.18)

노무현의 신당창당

노무현 민주당 대통령 후보가 지방선거의 참패에 대한 책임문제를 즉각적으로 해결하지 않고 8월 19일 보궐선거 이후의 재경선 수용이라는 카드로 수정 제안한 것은 매우 부적절하고 무책임한 일이다. 그는 공백상태의 민주당 지도부가 자신의 제안을 수용할 수밖에 없다는 사실을 잘 알고 있었다. 그러나 그는 자신이 지금 어떤 위험에 처하여 있는가를 전혀 깨닫지 못하고 있다.

솔직하게 말해서 광주에서부터 시작된 이른바 '노풍'의 본질은 영남권의 지지유인책이었다. 노후보를 내세울 경우에 어느 정도까지는 영남권의 지지확대를 기대할 수 있으리라고 생각했던 것이다. 그러나 영남권에서 '이인제 학습효과'는 가히 절대적으로 작동되었고, 이는 최소한 대선전까지는 그대로 영향력을 가질 전망이다. 지난 6·13 지방선거는 본질적으로 지역주의에 바탕을 두고 있으며, 현행 민주당 체제로는 대선에서도 여지없이 참패할 것이다. 어느 누구보다도 노후보 자신은 이 사실을 잘 알고 있다.

호남정권에서의 기득권 유지를 갈망하였던 사회심리학적인 기대감, 이른바 '노풍'은 이미 6·13 지방선거를 통하여 산

산조각이 났으며, 지금 민주당은 과거 평민당 시절보다 더 열악한 처지의 지방정당으로 내몰려 있다. 당시에는 군사정권에 대한 유일한 저항세력이라는 긍정적인 이미지가 부각될 수 있었지만, 지금의 민주당은 부정부패와 무능이라는 최대의 난적 앞에서 좌초될 위기를 맞고 있다. 김대중 정부는 통일신라시대 이후 집적되어 왔던 호남인들의 역사적인 한을 해체하는 카타르시스 작용을 했던 것이 사실이다. 그러나 서민들의 삶을 더욱더 도탄에 빠지게 하였던 실정(失政)의 연속과 자식들의 비리에 대한 묵인은 민주당을 몰락하게 했을 뿐만 아니라 호남인들에게도 커다란 수치심을 안겨 주었다. 아태재단의 국가 환원과 같은 문제는 이제 대통령 스스로 처리해야 할 것이다.

따라서 8월 보궐선거 이후에 영입된 인물들과 함께 국민경선을 다시 치를 수도 있다는 노후보의 제안은 사태의 심각성을 은폐하려는 위선적인 성격이 짙다. 지금 노후보의 처지는 그들과 함께 경선할 입장에 있지 않다. 사태를 인정하고 깨끗하게 받아들이는 것은 정치인에게 요구되는 최소한의 덕목이다. 시간을 끌면 끌수록 민주당의 입지는 더 축소되고, 결국에는 침몰할 수밖에 없다.

유일한 해결책은 민주당이 모든 기득권을 포기하고 반 이회창 신당을 거국적으로 구성하는 것이다. 그러나 어떤 고난과 역경을 거치면서 올라온 길인데 그렇게 쉽게 포기할 수가 있겠는가? 대단히 어렵고 안타까운 일일 것이다. 그러나 결국 민주주의 사회에서 정치가 선거에서 승리하여 권력을 획득하는 것이라고 한다면, 승산이 없는 게임은 미리부터 포기해야 할 것이다. 지금 민주당 일각에서는 새로운 영입 대상 인물로 정몽준, 고건, 박근혜 등을 거론하고 있으나, 문제는 영입이 아니라 모든 기득권을 포기하고 그들과 함께 백지상태에서 새틀을 짜야 한다는 것이다.

이제 누가 새로운 대선 후보가 되어야 하는가를 곰곰이 따져볼 필요가 있다. 가장 쉬운 계산법은 호남과 수도권에서 상당한 지지를 얻을 수 있고, 그 밖의 지역에서 일정한 고정표를 확보한 인물이어야 할 것이다. 고건의 경우는 그가 호남출신이고 영남권에서 호응도가 전무할 것이므로 배제될 수밖에 없다. 어차피 이번 선거는 지역주의를 넘어설 수 없기 때문이다. 그래서 민주당 내부에서는 충청권의 이인제를 다시 거론하는 이들도 있지만, 다음 기회라면 몰라도 이회창 후보와 대결하는 이번 구도에서만큼은 적합하지 않다. 반대로 노후보의 경우에는 영남권에서의 그 영향력 부재가 이미 드러났으며, 가장 강력한 울산시장 후보였던 송철호의 낙선에 대한 책임도 면하기가 어렵다. 박근혜의 경우는 영남권에서 일정한 영향력이 기대되기는 하지만 과거 박정희 대통령 시절의 역사적인 평가문제가 있을 뿐만 아니라 반대세력도 만만치 않기 때문에 신당의 대선 후보로 고려하는 것은 시기상조일 것이다.

이렇게 보면 이회창 후보와 한판 승부를 겨룰 수 있는 유일한 대권 후보는 정몽준 의원밖에 남지 않는다. 정몽준의 경우는 월드컵의 열기와 함께 그 인지도가 크게 상승하고 있을 뿐만 아니라, 이인제나 박근혜의 경우와는 달리 호남과 수도권에서 반대세력을 가지고 있지 않은 것이 가장 큰 장점이다. 그리고 영남권에서도 상당한 지지율을 확보하고 있기 때문에 득표 가능성에서 보면 가장 유리한 위치에 서 있다. 그러나 그가 독자출마를 했을 경우에는 2등에 머무를 가능성이 많다. 이회창 후보의 경우 지난 지방선거에서 확인된 고정표만 하더라도 총유권자의 25%에 달하였으며, 최근의 여론조사에서는 42%라는 압도적인 지지율을 보이고 있다. 따라서 정몽준의 경우에도 반 이회창 연대세력의 추대를 받지 못할 경우에는 이회창과의 대결구도에서 승리할 가능성이 적다. 다시 말하지만 민주당을 포함하여 반 이회창 전선에 있는 정치세력들이 정권획득에 다가설 수 있는 유일한 대안은 정몽준을 내세운 신당창당이다.

노후보가 현재 민주당 체제를 그대로 유지해서 이번 대선전을 치루려고 한다면 참담한 결과와 마주치게 될 것이다. 그러나 모든 기득권을 포기하고 민주당을 스스로 해체한 후에, 과거 정권에 대한 모든 부정적인 선입견으로부터 자유로운 정몽준 의원을 신당의 대통령 후보로 내세운다면 분명 승산이 있을 것이다. 모든 사람을 살리는 노후보의 현명한 판단이 있기를 기대한다. 노무현의 살길은 신당 창당에 있으며, 오직 그 길만이 이 패역무도한 지역주의를 극복할 수 있다고 생각한다. (2002.06.19)

개혁 망국론

지금 국민들은 노무현 대통령과 열린우리당이 앞으로 무엇을 어떻게 하자는 것인지 매우 의아해 하고 있다. 지금까지의 정국 운영을 지켜보면 그들은 당선자 시절부터 줄곧 내년 총선을 겨냥하고 있었던 것 같다. 국정을 개혁하여 나라를 바로 서게 하려면 무엇보다도 먼저 그 뜻이 국민들에게 정확하게 전달되어야 한다.

실제로 대통령과 여당 스스로 개혁적으로 사고하고 행위해야 하고, 그것을 보고 국민들이 신뢰할 수 있게 만들어야 한다. 그러나 만일 대통령이 자신의 정치한계를 극복하고 비리를 은폐하기 위하여 개혁 주장을 활용할 경우에 그와 같은 개혁론은 곧 국민적 불신의 대상이 되기 마련이다. 노무현 대통령의 개혁 주장은 정권초기부터 끊임없이 제기된 측근비리로 인하여 이른바 개혁 망국론이라는 신종 증후군으로 추락하였다.

대북지원, 북핵문제, 여권의 분당사태, 측근비리, 재신임 파문, 부동산 투기, 이라크파병, 불법 비자금, 측근비리 특검거부, 민주당의 전당대회, 거대야당의 등원거부 등.

한비자는 왕이 비리에 휩싸이면 나라를 망치게 한다고 한

탄하였다. 민주투사 출신이었던 김영삼, 김대중 대통령이 당선되었을 때, 건강한 민주주의를 염원하였던 국민들은 환호하였다. 그러나 그 환호는 가족 비리로 인하여 물거품처럼 사라지고 말았다. 이 두 대통령의 대일 외교에서 우리 한국 민족의 마지막 자존심이었던 독도의 실질적인 권한을 모두 내 던져버렸던 것이다.

우리가 신임하고 투표하였던 노무현 후보는 당선이 확인되던 날 밤, 바로 그 자리에 잠깐 있었지만 그 후부터는 나타나지 않고 있다.

바로 1년 전, 정치신인이나 다름없었던 노무현 후보가 노란 돼지들의 행렬 속에서 국민통합의 정치를 기치로 내걸고 대통령으로 당선되었다. 대다수의 국민들은 또다시 환호하였고 열광적인 분위기는 식을 줄을 몰랐다. 당선이 확인되던 바로 그 날 밤에 노무현 대통령 당선자가 했던 많은 발언과 약속들은 이제 또다시 허공의 메아리로 돌아 왔다.

후보 단일화 과정에서 그가 한 약속들이 전혀 보장되지 않았다는 사실들이 새어 나왔고, 돼지 저금통의 위력이 사실은 부풀려지고 조작되었다는 사실이 국민에게 실망을 주었다.

그런데 자신이 끝까지 끌어안고 가겠다고 천명하였던 민주당의 반대파들에 대한 정치적 숙청이 난항을 겪게 되자, 노대통령은 분당을 획책하였다. 계산된 마키아벨리즘이었다.

대북사업에 대한 특검 실시에 대하여 다수 여당에 대한 배려였다고 말하는 사람도 있지만, 그것은 사실상 국무총리 인준 동의를 얻어내기 위한 수단이었다. 동시에 그는 이 사태를 민주당의 반대자들을 자극함으로써 신당 창당의 기회로 활용하기도 하였다. 창당 준비에 필요한 정치자금은 아마도 당선자 시절부터 마련했을 가능성이 높다.

정치자금을 아마추어들이 관리한 탓으로 측근비리 문제가 정권 초기에 드러난 것 역시 다른 정권과 다른 점이다.

가장 영향력 있었던 대북창구를 잃고 나서, 그 자리를 다른 라인에서 찾으려고 무리수를 두었던 것이 바로 송두율 사건이다. 대통령과 법무부 장관이 나서서 검찰을 위협하고 국민 여론을 잠재우려고 하였지만 그들의 뜻대로 이루어지지 않았다.

앞으로 동아시아에서 미국보다 중국의 영향력이 더 커질 경우에 남한의 친북 인사들이 열렬하게 지지하는 가운데 한반도가 김정일 체제 중심으로 통일될지도 모른다고 지적한 황장엽씨의 경고를 우리는 타산지석으로 삼을 필요가 있다.

측근비리 특검법안에 대한 노무현 대통령의 거부권 행사는 정권의 도덕성을 근본적으로 뒤흔드는 부정적 기억으로 남게 될 것이다.

헌법재판소의 재신임 정국에 대한 기각 판정은 대통령의 정치적 발언이 법적 판단의 대상이 될 수 없다는 원론적인 사실에 기초하지만, 그것이 구체적인 행정 행위로 나타날 경우에는 위헌 판정을 받게 될 소지가 높은 것으로 판단된다.

노무현 대통령이 정치 놀음을 하고 있는 동안에 이미 발해의 역사를 빼앗아 갔던 중국은 이제 고조선과 고구려의 역사조차도 자국의 역사 속에 편입시키는 거대한 음모를 진행시키고 있다.

동시에 미국은 한반도 주둔 미군의 재배치를 확실시 하고 있으며, 이 때문에 우리는 또다시 막대한 군사비를 마련하지 않으면 안 되는 위기에 직면하게 되었다.

아마도 노무현 대통령은 경선 후보자에 대한 확약 유보에 대한 부담감, 정권 초기에 거대 야당의 협조를 구하기 위한 대북특검제 수용과 그에 따른 정치 경제적 파장, 특히 정몽헌 회장의 죽음에 대한 죄 의식, 호남인들과 민주당의 지지에 대한 배신 여론, 신당 창당에 필요한 정치자금 조성과 불법 비자금 사건, 거대 언론과의 불편한 관계 등으로 인하여 재신임을 묻는 국민투표를 실시하여 일거에 극복하고 싶었을 것이다. 그러나 그와 같은 그의 행위 역시 국민들의 지지를 얻지 못했으며, 국정을 혼란에 빠지게 했다는 책임론만이 무성할 뿐이다.

누구에게나 원죄는 있는 법이다. 그러나 원죄 자체가 위험한 것이 아니라 그것을 모두 넘어서서 혼자서 독야청청하겠다는 발상 자체가 잘못된 것이다. (2004.01.31)

나라를 살려야 한다

지금 국민들은 노무현 대통령의 정국운영에 매우 불안해하고 있으며, 그가 말하는 개혁의 진정성에 대해서도 의심하고 있다. 당선자 시절부터 지금까지 노무현 대통령의 행보는 줄곧 내년 총선만을 겨냥하고 있으며, 이를 위하여 기존의 권력구도를 무차별적으로 뒤흔들었다.

국정을 개혁하여 나라를 바로 서게 하려면 무엇보다도 먼저 그 뜻이 국민들에게 정확하게 전달되어야 한다. 실제로 대통령과 여당 스스로 개혁적으로 사고하고, 국민들이 신뢰할 수 있도록 실천해야 한다. 그러나 대통령이 자신의 정치 한계를 극복하고 비리를 은폐하기 위하여 개혁 주장을 활용한다면 그와 같은 개혁론은 곧 국민적 불신의 대상이 되기 마련이다. 노무현 대통령의 개혁 주장은 정권초기부터 끊임없이 제기된 측근비리로 인하여 이른바 개혁 망국론이라는 신종 증후군으로 추락하고 말았다.

고대 중국 전국시대의 대표적인 법가 사상가였던 한비자는 '유도(有度)' 편에서 나라가 부강하려면 통치자가 법도를 마련하고 공사를 구분하여 엄격하게 적용해야 한다고 강조한 바 있다. 또한 그는 통치자가 국법을 사사로이 운용하고 신하를 신중하게 등용하지 않은 경우에 그 나라는 반드시 망하였다고 경고한다.

기나긴 군사독재의 터널을 빠져나온 후 민주투사 출신이었던 김영삼, 김대중 대통령이 당선되자 진정한 민주주의를 염원하였던 온 국민들은 환호하였다. 그러나 가족과 측근들의 비리와 그것을 은폐하려는 공작으로 인하여 정국 혼란이 계속되었다. 이 두 대통령의 대일 외교에서 우리의 마지막 자존심이었던 독도 주권이 사라지고 말았다.

바로 1년 전이다. 노란 돼지들을 앞세우고 국민통합을 기치로 걸었던 노무현 후보가 대통령으로 당선되었다. 대다수의 국민들은 또다시 환호하고 열광하였다. 그러나 바로 그날 밤에 국민통합과 비리척결을 약속하였던 그의 모습을 우리는 더 이상 찾아볼 수 없다. 그가 내세운 수많은 공약들 중에서 대통령이 되면 다시 찾아오겠다던 어느 학교의 방문 약속만이 가장 확실하게 지켜졌을 뿐이다.

후보 단일화 과정에서 그가 한 약속들이 전혀 보장되지 않았던 탓으로 지지철회 사건이 빚어졌으며, 노란 돼지 저금통의 위력조차도 날조된 것이었다는 사실이 회자되기 시작하였다. 순수한 비리척결의 의지로 포장되었던 대북특검 역시 되돌아보면 국무총리 인준 동의를 얻어내는 동시에 민주당의 반대자들을 자극하여 신당 창당의 호기를 창출하려는 마키아벨리즘의 아류에 지나지 않았다. 신당 창당에 소요된 정치자금은 아마도 당선자 시절부터 마련했을 가능성이 높다. 대통령 자신도 결코 모른다고 할 수 없다고 했던 측근비리에 대한 특검법안을 거부한 것은 정권의 도덕성을 근본적으로 뒤흔드는데 결정적으로 작용하였다.

노무현 대통령이 책략정치를 즐기는 동안에 발해의 역사를 빼앗아 갔던 중국은 이제 고조선과 고구려의 역사조차도 자국의 역사 속에 편입시키는 거대한 음모를 진행시키고 있다. 동시에 미국은 한반도 주둔 미군의 재배치를 확실시 하고 있으며, 이 때문에 우리는 또다시 막대한 군사비를 마련하지 않으면 안 되는 위기에 직면하게 되었다.

아마도 노무현 대통령은 경선 후보자의 지지철회 선언, 대북특검제 수용에 따른 배신 여론, 민주당 분당사태에 대한 배후 책임론, 잇따른 측근비리, 언론과 방송의 편 가르기 등, 모든 부정적 요소들을 재신임 정국으로 일거에 넘어서고 싶었을 것이다. 그러나 이 또한 국민들에게 지지를 얻지 못했으며, 국정을 혼란에 빠지게 했다는 책임론만이 무성할 뿐이다.

통치자가 사적인 이익을 취하고자 하면 국가가 혼란에 빠지게 된다. 누구에게나 원죄는 있는 법이다. 원죄를 은폐하기 위하여 더 큰 죄를 저지르는 잘못을 범하지 말아야 한다. 재신임 정국과 측근비리 특검법 거부는 상반된 행위로써 그의 불순한 의도를 드러냈을 뿐이다. 이제 노무현 대통령은 마땅히 초심으로 돌아가서 나라를 살리는 데 앞장 서야 할 것이다. (2004.02.10)

탄핵정국, 이유 있다

2004년 3월 12일, 국회는 재적의원 271명 가운데 195명이 투표에 참여하여 찬성 193표, 반대 2표로 노무현 대통령 탄핵안을 가결하였다. 헌정사상 초유의 대통령 탄핵사태에도 불구하고 박관용 국회의장이 희망하는 것처럼 대한민국은 계속 발전할 것인가, 아니면 대통령 탄핵사태가 우리나라의 헌정을 유린하고 민주주의를 훼손할 것인가에 세인의 관심이 집중되고 있다.

야당이 제시한 탄핵사유는 크게 선거법 위반, 국정혼란, 측근비리로 압축된다. 그러나 대한변호사협회와 대다수의 헌법학자들은 국정혼란과 측근비리는 탄핵사유가 되지 않으며, 선거법 위반도 탄핵을 할 만큼 중대한 사유가 아니라고 보는 것 같다. 대통령의 선거법 위반에 대하여 강금실 법무부 장관은 노대통령이 선진국 대통령들의 사례에 비추어 볼 때 문제될 것이 없다는 입장을 취하였고, 청와대 역시 필요하다면 선거법을 고쳐야 한다고 주장하고 야당의 사과 요구를 일축함으로써 실질적으로 탄핵정국의 도화선이 되었다.

탄핵을 바라보는 시각은 크게 네 가지로 구분된다. 첫째로 대통령의 거듭된 실언과 지도력 부재가 탄핵에 이르게 했다는 인과론이 있다. 야당의 주장이나 김영삼 전 대통령의 사필귀정론이 여기에 속한다. 둘째로 개혁을 거부하는 수구보수 세력인 거대 야당이 노대통령의 취임 초기부터 탄핵을 기도해 왔다는 의회 쿠데타론이 있다. 열린우리당이나 그 정책을 입안하는 학자들의 입장이 여기에 속한다. 이 두 가지 입장은 자신들의 책임은 회피하고 상대방에게만 전가하기 때문에 자신들의 정당화논리로서만 의미를 가질 뿐이다. 특히 국회는 헌법이 정하는 바에 의하여 행위하였고, 탄핵안의 최후 결정권자가 아니기 때문에 의회쿠데타론도 설득력을 가지지 못한다.

셋째로 4·15 총선과 관련된 두 가지 형태의 음모론이 있다. 혹자는 노대통령이 지난 1년간 총선에 모든 것을 걸었으며, 대통령의 직위를 걸었던 일련의 발언들뿐만 아니라 탄핵 그 자체까지도 미리 의도된 것이었으며, 거대 야당은 미끼에 걸려든 것이라고 주장한다. 이와 반대로 민주당 분당사태와 한나라당의 불법정치자금 문제로 더 이상 갈 데 없는 야당이 대통령의 선거법 위반을 빌미로 삼아 총선정국을 유리하게 만들기 위하여 탄핵에 모든 것을 걸었다는 입장도 있다.

넷째로 여야 공동책임론이 있다. 이것은 탄핵 가결 직전에 조사된 국민여론이 가장 잘 반영하고 있다. 국민의 대다수는 대통령의 진정한 사과와 탄핵 반대를 희망하고 있었던 것이다. 대통령은 야당들이 수용할 있는 정도의 사과를 분명하게 거부하였고, 국회는 탄핵을 가결하였다. 문제는 탄핵 가결 후의 민심은 양비론에서 의회 쿠데타론으로 돌아섰다는 사실이다. 그 결정적인 이유를 야당은 방송의 여론조작으로 봄으로써 다시 음모론으로 돌아서고 있다.

결과적으로 탄핵정국은 노대통령이 4·15 총선에 재신임까지를 연계시킴으로써 올인의 사태로 전개되고 있으며, 지금까지는 노무현 대통령과 열린우리당에게 절대적으로 유리한 것처럼 보인다. 그래서 정부 및 여당의 주요 인사들은 헌법재판소가 총선 전에 탄핵심판을 마쳐야 한다고 주장하기도 한다.

그러나 뜻있는 사람들은 탄핵정국이 헌법과 법률에 기초하여 해결되어야 한다고 생각하고 있다. 탄핵을 지지하고 반대하는 사람들의 논리는 방송 대 신문, 친노 대 반노, 도덕주의 대 타락주의, 수구보수와 개혁진보, 대통령 대 국회 등의 이분법적 극단을 치닫고 있다. 이들은 탄핵정국을 너무나 단순하고 거칠게 읽어내고 있다. 우리나라의 헌법은 국회, 정부, 법원, 그리고 헌법재판소의 순서로 구성되어 있으며, 대통령의 탄핵 역시 국회가 발의하면 정부가 변론하고 헌법재판소가 최종적으로 심판하도록 되어 있다. 따라서 국회가 탄핵안을 가결했다고 해서 헌정이 중단된 것은 아니며, 더더구나 국회가 쿠데타를 했다고 비난해서도 안 된다.

정치란 상대적인 것이다. 야당 홀로 정치를 하는 것이 아니고, 대통령 역시 혼자서 정치를 하는 것이 아니다. 따라서 탄핵 정국은 두 당사자가 정면충돌하여 일어난 사건이다. 교통사고의 경우에도 정면충돌은 두 운전자가 책임을 지는 것이 아니라 살아남은 가족들에게만 부담을 준다. 대통령과 국회가 피해를 보는 것이 아니라 우리 국민들이 손해를 입게 된다. 그런데 현재의 탄핵 정국은 대통령과 여당에게 일방적으로 유리하게 진행되고 있기 때문에 비판적인 입장을 취하지 않을 수 없다. 따라서 필자는 헌법재판소가 가장 유의해서 판단해야 할 부분은 음모론에 있다고 생각한다.

열린우리당의 지지율 급등은 노대통령이 4·15총선에 재신임을 연계한 것과 직접적인 연관이 있다. 따라서 헌법재판소는 지난 1년간 노무현 대통령의 통치와 관련하여 총선을 염두에 둔 정치적 행위와 헌법을 위반한 사실이 있는가를 집중적으로 심문해야 할 것이다. 노무현 대통령은 그 자신이나 법무부 장관이 주장하는 것처럼 다른 선진국의 대통령이 아니라 대한민국의 대통령이다. 따라서 비록 그가 정치인이라 하더라도 대통령으로서 선거의 중립을 지켜야 할 의무가 있다. 그러나 이것은 단순히 선거법 위반의 차원을 훨씬 넘어서는 문제이다.

대한민국의 대통령은 헌법 제67조와 68조의 선거규정에 의해서만 선출되고 퇴임할 수 있으며, 헌법 제70조에 의하여 대통령에게는 5년의 임기가 보장된다. 더구나 이 임기는 헌법 제84조에 의하여 내란 또는 외환의 죄를 범한 경우를 제외하고는 재직 중 형사상의 소추를 받지 않는 등 매우 안정적으로 보장되고 있다. 그러나 노무현 대통령은 측근과 자신의 불법정치자금 비리와 관련하여 재신임 카드를 제시하였다. 헌법상에 명시적으로 보장된 임기에 대하여 재신임을 묻는 것은 명백하게 위헌이다. 또한 이를 문제 삼았던 야당의 정치자금 수사를 개시하였다. 동시에 그는 한나라당 수수액의 10%를 초과하면 정계를 은퇴하겠다는 폭탄선언도 서슴치 않았으며, 이로 인하여 걷잡을 수 없는 국정혼란을 부추

김으로써 결과적으로 탄핵정국을 불러일으켰다. 대통령의 직위를 걸고서 국회의원 선거를 치르는 것 역시 명백한 선거법 위반이며 헌법을 무시한 발상이다. 이와 같은 사태는 우발적으로 이루어진 것이 아니고 의도되고 계획된 것이며, 반복적으로 진행되었다는 증거가 곳곳에서 보이기 때문에 대통령은 헌법 제69조의 의무 규정을 스스로 파기했다고 볼 수 있다. 대한민국의 대통령은 취임식에서 69조를 선서한다. "나는 헌법을 준수하고 국가를 보위하며 조국의 평화적 통일과 국민의 자유와 복리의 증진 및 민족문화의 창달에 노력하여 대통령으로서의 직책을 성실히 수행할 것을 국민 앞에 엄숙히 선서합니다."

탄핵정국을 통하여 열린우리당이 압승할 경우에 우리나라의 민주주의가 발전되면 다행이겠지만 더욱 더 불행한 사태로 진전될 가능성도 배제해서는 안 될 것이다. 김근태 원내대표가 야당에게 나치즘과 같은 행위라고 비난하였던 것과 같은 상황이 오히려 그들에 의하여 만들어지지 않을까 심히 우려된다. 레드 콤플렉스로부터 자유롭지 않은 노대통령이 최근에 통과된 친일관계법을 무리하게 적용할 경우에 우리 사회의 정체성 회복보다는 새로운 위기를 초래하는 위험이 도사리고 있다. 우리의 민주주의가 대통령을 탄핵할 수 있는 차원에까지 발전되었다면 우리는 겸허하게 남아있는 헌법적 절차를 존중해야 할 것이다. (2004.03.16)

대한민국은 법치국가이다

노사모를 향한 노대통령의 시민혁명 발언이나 헌법재판소의 판결을 기다리지 말고 길거리에서 승부를 가리라는 도올의 발언은 법치국가의 지도자로서 매우 부적절한 것이었다. 이들의 생각은 국가의 최고지도자인 동시에 이 나라 최고의 지성인이기에 위험하기조차 하다.

문제는 현재 진행 중인 탄핵과 총선 정국이 노대통령과 그 지지자들이 말하는 것처럼 우리나라의 민주주의를 훼손하려는 불순한 세력들에 의하여 자행된 폭거인가 하는 점이다. 그런데 사태의 추이를 살펴보면 전혀 그렇지 않다는 사실에 어려움이 있다. 그들이 말하는 쿠데타 세력은 혼비백산하여 퇴로마저 차단당하고 있다. 그와 반대로 현재의 정국은 노대통령과 그의 지지자들이 가장 바래왔던 방향으로 진행되고 있다.

지난 1년 동안 노무현 정부는 수도 이전이나 지방분권제와 같은 엄청난 일들을 특별한 갈등 없이 추진해 왔다. 실로 놀라운 일이다. 그런데 갈등은 터무니없는 곳에서 터져 나왔다. 노대통령의 총선에 대한 집착이 바로 그것이다. 정계 개편은 그렇게 쉬운 일이 아니다. 그래서인지는 몰라도 대한민국에서 가장 확실하게 신분이 보장되고 막강한 권력을 가진 노대통령은 자신이 마치 현실정치의 희생양이고 소수권리자인 것처럼 행동해 왔다.

노대통령은 전 국민이 인지할 수 있을 정도의 공개적인 위치에서 대통령의 직위를 적어도 세 차례나 내걸었다. 측근비리와 관련한 재신임 발언, 한나라당 정치자금의 10% 발언, 그리고 열린우리당의 지지를 호소한 총선연계 발언이 바로 그것이다. 이것은 결국 노대통령이 정계를 개편할 목적으로 시도 때도 가리지 않고 배수진을 쳐 왔다는 사실을 말해 준다. 물론 그의 태도는 종잡을 수가 없다.

그동안 노대통령은 수도 없이 자신이 열린우리당의 창당에 간여하지 않았다는 사실을 강조해 왔다. 그러다가 어느 날 갑자기 그는 결국 열린우리당을 지지한다고 말한다. 이에 그치지 않고 앞으로의 정국은 열린우리당과 한나라당의 대결 구도로 갈 것이라고 말한다. 그러면서도 그는 아직까지도 열린우리당에 입당하지 않고 있으며, 따라서 국민들이 그의 신임 연계 발언을 열린우리당에 대한 지지로 해석해도 좋은가에 대한 어떤 결정적인 대답도 하지 않은 채로 있다. 그래서 국민들은 아직도 헷갈리고 있다.

헌법과 법률을 준수하고 수호해야 할 노대통령과 강금실 법무부 장관은 대한민국의 선거법이 위헌적이기 때문에 지킬 필요가 없다고 생각하였다. 대통령과 법무부 장관은 대한민국의 법감정이나 상식에 기반한 것이 아니라 선진국의 관행을 지향하고 있었던 것이다. 그러나 노대통령은 분명 대한민국의 대통령이고 강장관 역시 대한민국의 법무부 장관이다. 대통령의 변호인단이 서둘러 선거법에 대한 위헌심판을 청구한 것은 노대통령의 위법사실을 확인하였기 때문일 것이다.

이제 모든 것을 분명히 해야 할 때인 것 같다. 대통령은 자신의 발언이 국가법의 근간을 뒤흔들었다는 사실을 이제야 깨닫는 것 같다. 그래서 그 스스로 직접 총선 연계 의석을 밝히지 않고 우회적으로 정동영 대표를 통해서 의중을 밝혔다. 그런 약속 자체가 그의 탄핵 심판에 결정적으로 불리한 증거가 될 수 있기 때문이다. 그러나 정동영 대표의 발언도 아무런 구속력을 갖지 못한다. 노대통령이 자신과 관계없다고 잡아떼면 그만이기 때문이다. 그래서 이번 선거는 책략과 술수와 기만으로 가득 차 있고 불공정하게 진행되고 있는 것이다.

지금 노대통령과 그 주변 인사들은 마치 군사독재 치하에서 목숨을 내걸고 투쟁하던 민주인사들인 것처럼 행동하고 있으며, 실제로 자신들이 6월 민주항쟁이나 5.18 민주화운동과 같은 상황에 처해 있다는 주술에 걸려 있다. 누가 대한민국의 법체계를 뒤흔들고 있는가? 나라가 금방이라도 망할 것처럼 분노에 흐느끼고 치를 떨던 사람들이 50억원의 돈 때문에 약속을 저버리는 데도 절대적인 지지를 마다하지 않는 이 나라의 국민들은 도대체 무엇에 홀리고 있는 것일까?

(2004.03.30)

법과 정치, 그리고 비방

왜 새삼스럽게 탄핵 철회를 문제삼는가? 그것은 정동영 열린우리당 의장의 애국충정인가 아니면 선거전략인가? 노대통령이 사과하면 탄핵안을 거두겠다는 이른바 조건부 탄핵안을 두 야당이 제시하였을 때, 대통령과 열린우리당은 이를 묵살하였고 결국 탄핵안은 가결되었다. 탄핵안이 지금 헌법재판소에서 심리 중이라는 사실을 모르는 국민은 없다. 그런데 갑자기 정의장은 16대 국회가 탄핵안을 스스로 철회하면 대통령과의 중재에 적극 나서겠다는 것이다.

일국의 여당지도자로서 정의장의 발언은 매우 부적절하고 기회주의적이다. 그의 심중에는 노대통령의 탄핵안이 순전히 야당 책임이라는 인식이 깔려 있다. 이 보다 더 위험한 것은 탄핵안의 심판을 헌법재판소에 맡겨 둘 경우에 결과에 관계없이 엄청난 혼란이 올 것이라고 국민을 위협하고 있다는 사실이다. 그러나 이보다 더 졸렬한 것은 이 발언을 통하여 자신의 노인 비하 발언을 잠재우는 동시에 세차게 타오르는 박풍을 조기에 소진시키려는 의도가 숨어있기 때문이다.

첫째로 현재 진행 중인 대통령 탄핵안은 이미 정치권을 떠난 문제이며, 모든 국민은 헌법적 절차에 의하여 그 결말을 지켜보아야 한다. 노대통령이 탄핵 심판의 대상이 된 것은 그 자신의 초법적 발상 때문이었다. 또한 노대통령과 열린우리당은 탄핵사태를 막기 위하여 최선의 노력을 기울이지 않았기 때문에, 그 책임을 야당에게 전가하는 것은 적절하지 않으며 책임있는 자세라고 할 수 없다. 비록 상당수의 국민들이 촛불집회 등을 통하여 탄핵 반대 의사를 천명하였다 하더라도 탄핵 절차 자체를 임의로 변경할 수는 없다. 정의장이 지금에 와서야 새삼스럽게 탄핵사태로부터 비롯되는 국민갈등과 국정혼란을 걱정하는 것은 도무지 납득할 수가 없다. 그도 국법의 절차를 알고 있을 것이다.

둘째로 탄핵안의 심판을 헌법재판소에 맡겨 둘 경우에 결과에 관계없이 엄청난 혼란이 올 것이라는 정동영 의장의 발언은 초법적인 동시에 선동적이기에 매우 위험하고 부적절하다. 이미 한나라당의 박근혜 대표는 탄핵안이 기각될 경우에 깨끗하게 수용하겠다고 다짐하면서, 탄핵안 자체를 정치적으로 접근하지 않겠다는 의사를 분명히 하였다. 그렇다면 다른 하나는 탄핵안이 통과될 경우이다. 이에 대하여 정의장은 수용하겠다는 의사를 분명히 하지 않았다. 오히려 엄청난 국민저항과 봉기가 일어나지 않겠느냐는 뉘앙스를 풍기고 있다. 정의장의 이 발언은 선동적인 차원을 넘어서서 분명히 헌법을 무시하고 있다.

셋째로 이와 같은 발언의 배경과 저의가 의심스럽다는 것이다. 탄핵 이후의 정국은 정의장으로 하여금 충분히 들뜨게 만들었던 것이 사실이다. 그러나 그토록 경원시 해 왔던 한나라당의 다수 지배가 자신들에게도 실현되는 것처럼 보이자 그 역시 똑같은 실수를 저지르고 만다. 국민이 안중에 없게 된 것이다. 그는 최근 노인 폄하발언에 대해서 “거기에 대해서는 더 이상 이야기하고 싶지 않다”고 말한다. 마누라에게 무심코 던진 한마디 실언 때문에 평생 동안 괴로움을 당하는 것이 세상의 이치일진대, 그는 그 엄청난 사실을 아무렇게나 덮으려고 한 것이다. 그에게 탄핵카드는 요술방망이다. 아니 그는 너무나 경박스러운 모습을 여과 없이 국민들에게 보여주었다.

넷째로 정의장의 발언은 계산된 정치적 술수인 것처럼 보인다. 최근 박근혜 대표의 행보는 기존 정치인들의 예상을 뛰어 넘어 국민들에게 새로운 기대와 희망을 갖게 하였다. 그러나 그에 대한 열린우리당의 대응은 지극히 치졸하였다. ‘친일파의 딸’, ‘독재자의 딸’이라는 원색적인 비난을 쏟아냈다. 일제하에 정의장의 부친 역시 떳떳한 것은 아니었다. 그러나 박대표는 노대통령의 장인이나 정의장의 부친에 대한 문제로 맞받아치지 않았다. 정의장의 노인폄하 발언에 대해서도 네거티브 전략으로 활용하지 말라는 지시까지 내린다. 이제 정의장은 박풍을 차단할 유일한 카드가 다시 탄핵안을 거론하는 것이고, 이 나라를 청년층과 노년층, 민주 대 반민주 등 가장 쉬운 이분법적 대결구도로 끌고 가는 것이라고 생각하는 것 같다. 그러나 국민들은 이제 정정당당한 대결을 보고 싶어 한다는 사실을 유념해야 할 것이다. (2004.04.06)

지난 1년 그리고 상생의 정치

지금 우리에게 필요한 것은 상생적 사고이다. 상생(相生)이란 동학혁명 이후 우리 선조들이 즐겨 사용한 말로서, 새로운 시대에 대한 염원이 담겨 있다. 상생이란 단순히 이해관계가 얽힌 사람들이나 집단들 사이의 타협적 사고가 아니다. 상생은 본질적으로 한(恨)의 해체 및 치유와 관련되어 있다. 그것은 모든 수단과 방법을 동원하여 권력을 장악하고 목적을 달성한 자가 백성들을 회유하는 자리에서 사용하는 말마디가 아니다. 힘 있는 자가 부당하게 행함으로써 얻은 상처는 쉽게 치유되지 않는다. 진정한 의미에서의 상생은 당한 사람들의 마음에서 우러나오는 삭임과 용서로부터 비롯된다.

탄핵 정국 속에서 과반수 의석을 차지한 열린우리당의 정동영 의장은 상생의 정치를 제안하였다. 그러나 상생의 정치는 이미 1년 전에 시작되었어야 했다. 우리는 노대통령이 당선 소감을 밝힌 자리에서 자신을 반대한 국민들과 자신을 흔들었던 민주당 반대세력까지를 함께 아우르는 국민통합의 정치를 약속하였을 때, 바로 지난 100년 동안 우리 조상들이 그렇게 염원해 마지않았던 상생의 시대, 후천개벽의 시대가

도래하는 것으로 생각하였다. 그러나 그 약속은 한 순간도 지켜지지 않았다. 그는 상생의 정치를 시작한 것이 아니라 새로운 권력 다지기에 착수하였던 것이다.

상생이란 억울한 마음을 가진 자가 자신의 마음을 삭이고 원수를 용서하는 데서 출발한다. 노대통령은 용서의 시점을 놓치고 말았다. 권력이란 결코 나눌 수 없는 것임에 분명하다. 따라서 모든 권위를 포기했다는 노대통령의 언행에서도 권력을 무한대로 확장하려는 의도가 드러나는 것은 자연스러운 일이다. 그의 권력 의지는 민주당으로는 안 된다는 지지자들의 공감대 확산과 호남인들의 충성도 시험으로 나타났다. 찍을만한 사람이 없어서 어쩔 수 없이 자신을 선택했다는 기상천외한 발언은 일시적으로 호남인들의 공분을 자극하는 것처럼 보였지만 결국 모든 호남인들로 하여금 일사분란하게 그를 지지하도록 만들었다.

정의란 강자의 이익이고, 삶 자체가 권력에의 의지로 충일된 것이라면 그의 의중과 선택은 소기의 목적을 달성했을지도 모른다. 그러나 제아무리 정치가 도덕과는 상관이 없다하더라도 도덕적 신뢰를 얻지 못한 정권은 머지않아 자중지란을 겪게 마련이다. 김영삼 대통령의 집권초기에 국민적 지지는 90%이상에 달하였다. 당시 필자는 김 대통령의 정치철학이었던 대도무문(大道無門)을 비판한 적이 있다. 최고의 권력을 가진 통치자가 아무렇게나 할 수 있고 자신의 마음대로 해도 좋다는 뉘앙스를 가진 좌우명을 가져서는 곤란하다는 내용이었다. 그가 안기부 비자금 사건이나 IMF에 대한 책임으로부터 자유롭지 못한 것은 바로 그 때문이다.

자신의 형님에게 인사청탁을 했다는 모 건설회사 사장에게 노대통령은 자신이 할 수 있는 모든 권한을 행사하여 유임되지 않게 하였을 뿐만 아니라 검찰조사까지 받고 나온 그를 다시 전 국민 앞에서 모독함으로써 결국 자살에 이르게 하였다. 이 비극적 참사는 현대 민주주의 사회에서는 결코 있을 수 없는 권력적 폭거임에 분명하다. 죽은 당사자는 침묵하고 있지만 유가족의 가슴 속에 맺힌 한은 누가 풀어줄 것인가? 정몽헌 현대그룹 전 회장과 안상영 전 부산시장의 자살사건 역시 현 정권의 정치적 행위와 깊은 연관을 맺고 있다. 그러나 이것 역시 단지 상징적인 사건일 뿐이다.

민주당의 와해를 직접 확인하고 열린우리당의 승리를 축하하는 자리에서 노대통령은 자신에 대한 탄핵심리가 진행중이라는 사실에도 아랑곳하지 않고 경상도 지역의 단체장 선거에서 확실한 승리를 주문하였다. 그리고 그의 아류들은 상생의 정치를 말한다. 상생이란 승리를 자만하는 술책이 아니다. 국민의 60% 이상을 반민주 세력으로 낙인찍은 후에 얻은 권력으로 할 수 있는 일이 도대체 무엇이겠는가? 북한 용천역 폭발사고로 인하여 수백 수천의 사상자가 나고 민심이 어수선한 시기에 우리는 민족의 불행을 함께 껴안을 수 있는 상생의 마음을 가져야 한다. (2004.04.26)

국가권력의 사적 운용에 대하여

절대 권력이 사적으로 운용되는 경우에는 여러 가지 폐해와 불행이 생겨날 수 있다. 지금 우리나라의 최고 국가권력기관인 청와대가 동아일보와 조선일보 두 신문사에 대하여 조직적으로 취하고 있는 무차별적 공격은 분명 상식을 넘어선 것이며 국민들을 당혹하게 만들고 있다.

노무현 대통령이 개인적으로 양대 언론에 불편한 심정을 가지고 있다는 사실을 모르는 국민들은 없다. 그러기에 일국의 대통령으로서 특정 언론사에 직접 간섭하거나 비난하는 듯한 발언은 극도로 자제해야 마땅하고 그만큼 국민들의 이목도 살펴야 하는 것이다. 그러나 지금 청와대는 다른 어떤 국사(國事)보다 신문사 죽이는 문제를 최우선 과제로 생각하는 것 같다.

이와 같은 청와대의 인식은 두 신문사가 한나라당보다 더 위험한 정치집단이며, 실질적으로 지난 번 대통령 탄핵을 주도한 세력으로서 아직도 틈만 있으면 대통령을 흔들고 있다고 천명한 사실에서 극명하게 드러난다. 지금 두 신문사는 대선불복 심리를 이용하여 천도 반대를 주도하고 있다는 것이다. 탁 깨놓고 이야기하면 동아와 조선 두 신문사는 탄핵

세력이자 천도 반대세력이며 대통령 불신임 퇴진운동의 배후 세력이라는 것이다. 옛날 같으면 역적에 해당된다.

노대통령이 무심코 던진 한 마디가 벌써 여러 사람들의 목숨을 빼앗아 갔다. 이제 조선과 동아가 대통령의 음해세력이라면 그 신문들을 읽는 독자 국민들은 체제 전복을 획책하는 무리라도 된단 말인가? 하기야 국가보안법까지 폐지하려는 참여정부가 이 두 신문을 통제하기 위하여 언론개혁법을 주도하는 것을 보면 북한보다 더 두려운 존재인 것은 분명한 것 같다.

그러나 언론에 대한 청와대의 항거는 엉뚱하기도 하지만 처절해 보이기조차 하다. 왜 청와대는 거의 모든 방송과 한겨레신문, 그리고 주요 인터넷 매체들의 열렬한 지지를 받으면서도 유독 동아와 조선의 비판적인 기사를 여유롭게 소화해내지 못하는 것일까? 가장 큰 이유는 심리적인 요인에서 찾아야 할 것이다. 개인이었을 때 가졌던 피해의식을 대통령이 된 후에도 여전히 극복하지 못한 유아론적 태도 때문이라고 보는 시각에 힘이 실리는 것은 바로 이 때문이다. 다른 중요한 이유는 주적 설정의 오류와 시스템의 결함에서 비롯된다. 기존의 권위를 새로운 권위로 대체하려는 과정에서 조선과 동아는 최대의 저항세력으로 간주되었으며, 그들의 비판을 순수하게 이해하고 수용할 수 있는 여지가 없었기 때문이다. 어떤 이들은 동아·조선뿐만 아니라 검찰, 서울대학교, 삼성그룹 등이 이런 범주에 해당된다고 생각하는 것 같다.

노무현 정부는 단순화의 오류 또는 성급한 일반화의 오류를 너무나 자주 범하고 있다. 조선과 동아를 보는 식자들은 한겨레와 비판적인 인터넷 매체까지를 두루 살펴본다. 그리고 방송사의 언론비평 코너까지 참고한다. 이 경우에 조선과 동아는 하나의 시각과 입장을 제시하는데 불과하다. 그럼에도 불구하고 조선과 동아만 바로 잡으면 국사가 모두 해결될 수 있다는 식의 인식은 정신적으로 건강하지 못하며 위험하기조차 하다. 심지어 조선 동아가 서울중심지에 엄청난 부동산을 가지고 있으며, 그 재산적 가치의 손실을 막기 위하여 수도 이전을 반대한다는 생각은 유치하기조차 하다.

중국 정부는 자국의 홈페이지에서 우리나라의 고대사를 백제와 신라에 국한시키면서 고구려 역사를 자기나라의 역사로 편입시켜 버렸다. 그보다 먼저 일본 정부는 동해를 일본해로 바꾸어 왔으며, 지금은 독도마저도 다케시마로 고쳐나가는 집요한 노력을 기울이고 있다. 지금 대다수의 세계지도에서는 독도가 사라지고 다케시마가 등장하고 있는 것이다. 우리나라의 최고권력을 가진 청와대가 참으로 건강한 자주국가를 표방하고 있다면 왜 이런 사실들에 대해서는 조직적으로 비판하고 의견을 제시하지 못하는가? 수도 이전만이 우리의 진정한 살 길이라는 참여정부의 확신은 열강의 진출로부터 오는 두려움에서 비롯된 퇴행심리는 아닌가?

(2004.07.12)

패러디 사건과 여성적 가치

청와대와 국무총리의 거짓말 때문에 잘못된 내용의 칼럼이 나가게 되어 여간 유감스럽지 않다. 지난 7월 14일 청와대와 이해찬 국무총리는 박근혜 대표의 성 비하 패러디 사건은 네티즌에 의한 것이므로 대통령이 사과할 정도의 사안이 아니라고 주장한 바 있다. 그러나 네티즌이 올려놓은 패러디를 청와대 담당관이 열린마당의 초기화면에 옮겨 놓은 사실만으로도 홍역을 치러야만 하였다. 그런데 지난 7월 28일 중앙일보는 청와대와 총리의 주장이 거짓이라고 폭로하였으며, 동아·조선·한국일보 등에서도 이 기사가 대대적으로 다루어졌다.

중앙일보의 보도에 의하면 청와대의 게시판은 기술적으로 일반 네티즌이 사진을 올릴 수 없도록 되어 있으며, 따라서 박대표의 패러디 사진 역시 네티즌이 직접 띄운 것이 아니었다. 청와대 관계자는 처음부터 박대표의 패러디 사진을 통제하고 있었으며, 담당관이 직접 파일을 기술적으로 조작함으로써 사람들이 볼 수 있도록 만들었던 것이다. 이 사실은 청와대의 도덕불감증이 어느 정도인가를 단적으로 보여준다.

사람들은 관련자가 이미 징계를 받았으며, 지나간 사건이라는 이유에서 심각하게 생각하는 것 같지 않다. 그러나 우리는 이 문제의 심각성을 두 가지 차원에서 접근하고자 한다. 그 하나는 청와대의 발표에 거짓이 있었다는 사실이 보도되었음에도 불구하고 청와대가 대수롭지 않게 여겼다는 점과 이해찬 총리의 잘못된 발언에 대한 국회 차원의 정정요구가 없었다는 점이다. 청와대가 야당 여성대표의 반라 사진을 기술적으로 조작하여 게재해 놓고도 그 책임의 심각성을 모면하기 위하여 거짓말을 한 것은 매우 잘못된 일이다.

더욱 더 이상한 것은 언론에서 이 문제를 제기했음에도 불구하고 야당 인사들이나 여성단체들이 침묵하고 있는 점이다. 물론 우리나라에서는 너무나 많은 정치적 이슈들이 양산되기 때문에 그것들을 다 쟁점화하지 않는다고 비난할 수는 없을 것이다. 그러나 이 사건의 비중에 비추어 볼 때 여전히 납득할 수 없는 부분이 있다. 박대표의 성적 비하사건은 모든 국민이 알고 있다. 심지어는 강금실 전 법무부장관조차도 이는 매우 잘못된 일로서 조사해보아야겠다고 말한 적이 있다. 그가 끝까지 조사를 했는지, 아니면 그 때문에 경질되었는지 우리로서는 알 재간이 없다.

다른 하나는 청와대의 거짓에 대하여 주요 여성단체들이 침묵한 것이다. 청와대의 추가적인 거짓이 드러나기 전에 조선·동아일보는 여성단체들의 침묵을 정파적이라고 비판한 적이 있다. 한겨레신문은 보수언론들이 여성운동단체를 비난하는 것은 부적절하다고 평가하여 여성단체들의 애매한 태도를 옹호하였다. 나는 인터넷 한겨레에서 중앙일보의 폭로기사를 찾으려고 세 번씩이나 들어가 보았지만 그 사건 기사는 찾을 수 없었다. 한겨레신문 역시 당파적이었다.

여성운동에 대한 가장 큰 걸림돌이 바로 여성의 이중성에 있다는 것은 주지의 사실이다. 딸과 며느리에 대한 어머니의 잣대는 이중적이다. 심지어 강간 사건에서조차도 자신의 아들이 가해자였을 경우와 딸이 피해자였을 경우에 어머니의 말은 하늘과 땅만큼 다르다. 그러나 여성운동가는 비록 동일한 정파에 속한 최고 권력자일지라도 그가 여성적 가치를 훼손했다면 예외 없이 그 부당성을 지적할 수 있어야 한다. 누가 누구의 편이기 때문에 침묵해야 한다면 여성적 가치를 논할 자격조차 없다. 여성적 가치주장이 정파적 이해관계에 의하여 좌우될 수 있는 것이라면 그것은 보호될 이유조차 없을 것이다. 반대로 그것이 어떤 경우에도 보호받아야 할 보편적 가치라고 한다면 정파를 넘어서서 그 부당성을 지적했어야 옳았다.

청와대와 국무총리는 박대표의 패러디물을 게재하는 과정에서 거짓말을 하게 된 경위를 소상하게 국민들 앞에 밝히고 사과해야 한다. 닉슨 대통령이 워터게이트 사건으로 권좌에서 축출당한 것은 그의 거짓말 때문이었다. 클린턴 대통령은 성추문 관련 탄핵사건에서 사실을 솔직하게 시인함으로써 위기를 모면할 수 있었다. 도덕적 정당성과 절차적 정의가 결여된 주장은 독선이라는 것을 알아야 한다. (2004.07.31)

저주의 굿판

청와대는 최근 공식 홈페이지에 조선일보와 동아일보의 정부 비판에 대해 당장 저주의 굿판을 집어치우라는 글을 실었다. 현재 두 신문사의 수도 이전 보도 태도가 30년 전 박정희 전 대통령 시절의 그것과 전혀 다르다는 것이다. 청와대는 그 때 당시 두 신문사가 낯부끄러울 정도의 적극 지지 입장을 앞 다투어 밝혔다고 대서특필했다. 그러나 두 신문의 30년 전 기사를 분석한 전문가들은 두 신문사가 상당수의 비판적인 기사를 내보냈으며, 독재정권의 상황에서 이 정도의 문제제기를 한 것은 사실상 반대의사와 다르지 않다고 지적한다.

문제는 청와대가 사실을 왜곡하고도 모자라서 두 신문사에 대해 '저주의 굿판'을 집어치우라고 했다는 점이다. 저주는 흑색 샤머니즘의 악마적 주술 기능을 뜻한다. 상대의 인형을 만들어 놓고 악담을 퍼부으면서 바늘로 꾹꾹 찌르는 저주를 받게 되면, 결국 그 사람은 시름시름 앓다가 죽게 된다. 그래서 저주의 사실을 알게 되면 사생결단으로 치달을 수밖에 없다. 조선과 동아가 정부를 저주하고 있다는 청와대의 인식이 온 국민을 섬뜩하게 만드는 것은 바로 이 때문이다.

청와대의 열린 마당 사이트에 어떤 남자와 일을 마치고 여운을 즐기는 듯하는 박근혜 대표의 반라를 담은 패러디가 올려졌다. 이것은 어떤 패러디 작가의 것을 누군가가 청와대의 열린 마당에 퍼다 놓은 것인데, 청와대 담당자는 이것을 사람들이 쉽게 볼 수 있도록 전면에 옮겨 놓았다. 문제는 청와대 사이트에 박근혜 패러디가 떴다는 사실이 아니고, 청와대 담당자가 이를 삭제하기는커녕 고의적으로 유포를 확대하려고 했다는 사실에 있다.

지난 14일 합동참모본부는 해군이 북방한계선을 침범한 북한 경비정에 경고사격을 해 퇴각시켰으며, 북한측의 교신응답은 없었다는 보도를 발표했다. 그러나 정보기관이 북한측의 교신응답이 있었다는 감청 사실을 국방부에 통보한 후에 이것은 허위보고사건으로 변질되었으며, 지금 사건관련자의 처벌은 불가피한 것으로 전해지고 있다. 그렇다면 왜 교전수칙에 의해 대응한 우리 군이 사실을 있는 그대로 보고하지 못하고 북한측과의 교신내용을 누락시켰던 것일까?

저주의 굿판, 박근혜 패러디, 해군의 보고 누락. 겉으로 보면 이 세 개의 사건들은 서로 아무런 관련성도 가지고 있지 않은 것처럼 보인다.

그러나 이 사건들은 국가의 최고책임자와 청와대를 둘러싸고 일어났다는 사실에서 공통적이고, 대통령의 의중을 염두에 두고 일어난 사건이라는 점에서 필연적인 연관성을 갖게 된다. 이것은 각각의 사건이 아니라 하나의 동일한 사건인 것이다. 그렇다면 왜 이런 일들이 일어나는 것일까?

대통령의 의중이 반영된 청와대의 집단무의식은 담당 관

계자로 하여금 무엇인가 한 건을 올리도록 노력하게 만들었고, 자연스럽게 조선·동아의 30년 전 기사를 왜곡하는 사건으로 나타났다. 이와 같은 집단무의식은 청와대의 홈페이지에 야당의 여성 지도자를 성적으로 비하하는 사진을 의도적으로 올리게 할 정도로 도덕성을 마비시켰다.

또한 정부의 혼란스러운 대북관 때문에 군 당국은 당연하게 이뤄지는 교전수칙의 이행에 대해서조차도 그 군사작전에 대한 정당성을 염두에 두지 않으면 안 되게 되었다.

이런 사실들은 결코 우연적으로 일어난 것이 아니다. 정부는 북한을 주적 개념에서 제외시키려고 하고 있으며, 퇴역 군인들은 국군이 대통령의 잘못된 명령에 따라서는 안 된다고 주장한다. 각계의 원로지도자들은 수도 이전의 문제가 국민들의 의사를 존중해 처리돼야 한다고 희망했으나, 노대통령은 타작이 다 끝난 마당에 쭉정이를 다시 타작할 수는 없다고 비아냥거렸다. 그래서 친일 청산 문제조차도 그 본질이 변질되지 않을까 걱정하는 이들이 많다.

한(恨)은 저주를 불러올 수 있다. 어떤 음성학자는 탄핵정국 이후 노대통령의 음성을 분석하고서 한에 사무쳐있다는 사실을 확인하고 깜짝 놀랐다고 한다. 그렇다면 이 저주의 굿판은 도대체 누구의 것인가? (2004.07.20)

노무현과 박근혜

열린우리당 신기남 의장의 사퇴를 계기로 한나라당의 박근혜 대표는 노무현 대통령이 제안한 과거사 진상규명에 조건부 찬성하는 방향으로 돌아섰다. 이로써 노대통령은 정치자금 정국 이후 또다시 정국의 주도권을 잡게 되었으며, 경우에 따라서 우리는 이전투구하는 최악의 상황에 처하게 될 수도 있다.

노대통령의 과거사 진상규명 제안은 자신의 정치적인 이해에 의한 것이며, 그가 원하는 그림을 그릴 때까지 덧칠을 계속할 것이다. 이는 노대통령이 민주당 분당사태와 관련하여 모두 껴안고 가겠다고 약속하고서 어떤 식으로 처리했는가를 보면 알 수 있다. 그는 진정한 미래를 열기 위해서는 과거사 진상규명이 필요하며 처벌이 아니라 화해를 목표하고 있다고 강조한다. 그러나 이것은 사실이 아니다. 그보다는 오히려 새로운 왕의 출현을 막기 위한 무차별적 유아살해와 같은 것으로 느껴진다.

노대통령의 치명적인 약점은 선지자가 고향에서 대접받지 못한다는 사실에 있으며, 여기에 그의 분노가 숨어있다. 탄핵정국으로부터 빠져나온 그 앞에 우뚝 선 존재가 있었다. 그에게 지방보궐선거에서의 참패를 안겨준 박대표였다. 고향사람들은 민주인사로 자부하는 자신보다는 독재자의 딸을 선택하였으며, 이것이야말로 그에게 참을 수 없는 모욕감을 던져주었을 것이다.

노무현과 박근혜의 대결은 그렇게 시작되었다. 집권세력이 말하는 과거사 진상조사의 의도는 미래를 위한 화해보다는 기득권층의 청소에 있다고 보아야 한다. 따라서 박대표가 당초에 그 제안을 거부한 것은 이해할만하다. 그러나 열린우리당 신기남 전 의장이 부친의 친일행위 및 그 은폐로 인하여 여론의 압력을 이기지 못하고 물러나자 수세에 몰릴 것을 우려한 박대표는 과거사 진상조사에 참여할 수 있다고 전격적으로 발표하였다.

새로 취임한 이부영 의장의 발언에서처럼 과거사 진상조사는 결코 미래화합의 차원에서 하는 이야기가 아니다. 한나라당과 같은 기득권 세력은 역사 앞에 죄인이며, 가해자가 진상조사에 참여하겠다고 나서거나 친북문제를 조사하자고 제안하는 것 자체가 과거사 문제의 본질을 호도하고 있다는 그의 주장은 과거사 진상조사의 목적이 정치판 뒤집기에 있다는 것을 극명하게 보여준다.

오늘의 박대표를 만든 것은 김영삼, 김대중 정부와 특히 노대통령 자신이었다. 노대통령은 과거 우리 정부가 왜 국민을 지켜주지 못했던가, 그리고 왜 박대표가 갑자기 부상하게 되었는가를 더 깊이있게 생각했어야 했다. 그는 박대표를 기득권층의 심볼로 상정하였다. 박대표를 물러나게 하면 원망스럽던 고향사람들의 기세도 꺾을 수 있을지 모른다. 그래서 우파 진영의 동반 몰락을 우려한 박대표의 반대파는 그의 퇴진을 요구하기도 한다. 결국 이 싸움은 노무현과 박근혜 개인의 차원을 넘어서서 친일파와 친북파 사이의 인정투쟁으로 변질될 것이 뻔하다.

박근혜는 노무현을 극복할 수 있는가? 박대표의 생사는 고 박정희 대통령의 역사적 자리매김에 달려 있다. 노대통령의 통치스타일이 박대통령과 닮아 있으며, 그 때문에 마키아벨리즘의 아류라고 비난받고 있는 것은 아이러니이다. 따라서 박대통령을 가장 잘 아는 박대표는 의외로 노대통령을 쉽게 극복할지도 모른다. 심지어 현 정부는 신행정수도 이전을 정당화하기 위하여 박대통령에게 기대기도 한다.

여기에다 박대표가 정치적 성실성이라는 신무기를 장착하고 진정으로 국민의 뜻을 존중할 경우에 승산이 없는 것도 아니다. 특히 행정수도 이전과 같은 중대사를 일방적으로 정하기보다는 국민의 뜻에 맡기는 태도가 필요하다. 박대표는 정부로 하여금 국민투표를 실시하도록 요구하는 동시에, 현 정부가 이를 시행하지 않을 경우에 새로운 정부로 하여금 국민투표에 회부하게 한다는 것을 당론으로 확정할 필요가 있다.

정치적인 이해당사자들이 역사문제를 청산하자는 것은 매우 위험한 발상이다. 노무현과 박근혜, 두 분 모두 과거사 문제에 중립적일 수 없으며, 따라서 어떤 형태로든지 과거사 진상조사에 개입하는 일이 없어야 할 것이다. (2004.08.23)

정치권의 거짓말

거짓말과 공약(空約)을 남발하였던 우리 정치인들에게도 성실성이 필수적인 덕목으로 요구되고 있어서 정치 풍속도의 변화가 예고되고 있다. 여당의 신기남 전 당의장은 부친의 친일행적이 밝혀진 후에 사임 압력을 받다가 헌병 중사로서의 고문사실이 추가로 폭로되자 스스로 퇴진하는 용단을 내렸다.

이 사건은 노무현 대통령이 광복절 경축사에서 포괄적인 의미에서의 과거사진상조사위원회를 국회에 설치하자는 제안에 따른 정치권의 논의과정에서 빚어진 것이어서 친일문제 등 과거사 문제에 뇌관으로 작용할 것이라는 예측을 낳기도 하였다. 그러나 신 전 의장의 사퇴 요구는 부친의 친일 행적보다는 친일 사실 자체를 은폐하려는 그의 거짓말 때문이라는 시각이 더 우세하며, 이는 국민들이 정치권에 대하여 갈수록 더 높은 도덕적 기준을 요구하고 있다는 점에서 긍정적으로 평가된다.

지난 총선에서 과반수를 차지한 여당은 친일진상조사법에 대한 개정안을 국회에 제출하였으며, 이 법안에서의 일부 개정내용은 세간의 의혹을 불러일으켰던 것이 사실이다. 조사

대상자를 군인의 경우에는 소위 이상으로 하향 조정한 것과는 반대로 경찰의 경우에는 경찰서장 이상으로 상향 조정하는 동시에 헌병 간부들 역시 제외하였기 때문이다.

한 네티즌은 이런 사실들을 여당의 지도부를 배려한 것이라고 의심하던 중에 신 전 의장이 박근혜 대표와 회동하면서 두 분의 선친들이 각별한 사이였다는 사실에 착안하여 친일 의혹을 제기하였으며, 이를 주요 언론이 보도하자 신 전 의장은 사실무근이며 명예훼손으로 고발할 수도 있다고 말한 바 있었다.

신동아 최근호에서는 신 전 의장의 부친이 일제시대에 헌병대 하사로 복무한 사실이 있다는 기사를 실었으며, 직접 취조를 받거나 고문당했던 사람들의 증언까지 폭로되기에 이르렀다. 결국 신 전 의장은 부친의 친일행적보다는 그의 선친이 일제시대에 교사생활을 했다고 속였거나, 세간의 의혹 제기에도 불구하고 이를 부인한 점 등으로 인하여 도덕성에 타격을 입게 되어 퇴진할 수밖에 없게 된 것이다.

여당의 상임중앙위원을 맡고 있는 이미경 의원 역시 네티즌들의 의혹제기에 부친의 일제하 헌병 복무사실을 시인하고 말았다. 이로써 정부와 여당은 친일관계법 개정안을 마련하는 과정에서 객관적이고 공정해야 할 조사대상 기준을 당리당략적으로 접근한 것이 아닌가라는 비난을 피할 수 없게 되었다. 여당은 서둘러 조사대상을 다시 헌병 간부들까지 확대할 방침을 세웠지만 한번 훼손된 공신력은 쉽게 회복될 것 같지 않다.

그 동안 정치인들은 말 바꾸기를 거듭해왔다. 그러나 국민들은 더 이상 정치권의 거짓말을 용서하지 않을 것이다. 정치인들은 정확한 사실인식과 도덕적 가치판단에 입각해서 행동하고 그에 따른 책임도 기꺼이 감수해야 한다.

(2004.08.25)

승부와 대화

아테네 올림픽 여자 핸드볼 경기 결승전에서 분패를 당하였던 우리 선수들은 흐르는 눈물을 애써 감추려고 하지 않았다. 두 번의 연장전까지도 무승부로 막아낸 우리 선수들은 마지막 패널티스로 덴마크 팀에 지고 말았으며, 그 마지막 승부는 우리에게 너무나 허무한 것이었다. 그러나 그처럼 허무한 것도 선수들의 부단한 훈련과 실력이 반영된 것이기에 승복하지 않으면 안 된다. 우리 선수들이 흘린 눈물의 의미는 그 경지에 도달한 사람들만이 이해할 수 있다.

승부는 무차별적 투쟁으로 이루어지는 것이 아니다. 승부를 결정하는 것은 진정한 대화틀이다. 우리 선수들은 비록 분패했지만 경기 내내 최선을 다하는 아름다운 모습을 보여주었다. 경기는 상대방을 인정하는 것으로부터 시작된다. 좋은 경기는 주어진 규칙 안에서 상대방의 역량과 대결하는 것이다. 모든 경기는 경합 내용이나 경기 규칙, 그리고 팀의 구성과 운용에 이르는 사회적인 합의를 필요로 한다. 그리고 이런 대화 규칙들이 승부를 수용하게 하는 것이다.

우리의 정치상황에서 파국이 잦은 것은 대화틀이 마련되지 않았거나 또는 그것을 무시하기 때문이다. 토론을 선호한다는 사람들조차도 자신이 하고 싶은 말은 마음대로 하면서 다른 이들의 주장은 무시하는 경우가 많다. 토론이란 모든 논의 당사자들에게 동일한 권리를 인정하는 것이다. 그러나 우리는 상대방을 토론 상대자가 아니라 지시 대상이나 타도 대상으로 간주하는 경우가 많다. 최근 우리 사회가 정치적인 문제들로 인하여 혼란에 빠지는 것은 바로 정치권에서 대화 틀을 무시한 때문일 것이다.

이상적인 가치와 최고선의 실현조차도 사회구성원들의 합의가 전제되지 않은 경우에는 망국의 단초가 될 수 있다. 정부와 여당이 제시하는 여러 개혁안에도 불구하고 국민의 지지도가 추락하는 것은 바로 이 때문이다. 좌익계열의 독립운동에 대한 역사적 재평가를 통한 정부차원의 보상 계획은 우리의 국력 신장에 대한 자부심 확인의 계기가 될 수도 있다. 그러나 이에 대한 노대통령의 직접 지시는 그동안 정부와 여당이 추진해왔던 국법 질서의 재편 및 과거사 진상의 최후적인 지향점이 어디에 있는가를 극명하게 보여주었으며, 이 때문에 국민들이 불안해하는 것도 사실이다.

급변하는 동북아시아의 정치판도는 현 정부가 우리나라의 미래에 대한 어떤 구상을 세우고 있는가에 대한 궁금증을 갖게 한다. 최근 우리 정부는 중국이 앞으로 '정부 차원에서' 고구려사를 왜곡하지 않을 것이라고 발표하였다. 그러나 사회주의 국가가 이미 정부 차원에서 진행시켰던 일을 '정부 차원에서' 하지 않겠다고 약속했다고 해서 그것을 어떻게 국민들에게 믿으라고 하는지 알 수가 없다. 더 나아가서 중국이 북한에 대한 연고권을 주장할 경우에 우리 정부가 제시할 카드는 무엇일까? 내년부터 일본이 독도 영유권 주장을 강화할 것이라는데, 이에 대하여 정부는 어떤 준비를 하고 있는 것일까?

우리의 책임 있는 경제 관료는 경제 위기가 내년까지는 지속될 것이라는데, 우리 경제가 위기가 아니라는 인식을 가진 대통령이 경제 위기를 넘길 수는 있는 것일까? 과연 정부와 여당이 말하는 대로 서울을 충청도로 옮기고, 외세를 끌어들인 신라 정치인들과 항몽투쟁에 반대한 척화파들이나 갑오농민전쟁을 진압한 세력들, 그리고 친일파들과 유신독재자들을 모두 척결하면 우리나라가 동북아시아의 중심국가로 거듭날 수 있는 것일까?

노대통령은 잘못된 승부욕을 버려야 한다. 지금 이 문제들은 일부 야당에만 관련된 것이 아니다. 한나라당이 수도이전법안을 통과시켰을지라도 과반수 국민의 반대의사는 아직 그대로 남아있다. 야당의 반대는 정당성이 없을지 모르나 그것이 국민들의 반대까지 거부할 이유는 되지 못한다. 수도이전과 과거사 문제는 직접 국민투표에 붙이기 바란다. 그렇지 않을 경우 노대통령은 개인의 자존심 때문에 국가 전체를 위기로 몰았다는 비난에 직면하게 될 것이다. (2004.08.30)

끝없는 추락에 대하여

이번 재·보선 지방선거에서도 열린우리당은 참패하고 말았다. 이 끝없는 추락의 원인은 무엇일까? 그것은 바로 우리나라 헌정사상 초유의 탄핵사태를 정부와 여당이 잘못된 방식으로 독해하였기 때문이다. 문민정부 이후 이른바 민주화 세력의 집권이 계속되었음에도 불구하고 우리나라는 국가발전의 지향적 이념을 설정하지 못한 상태에서 경제적 어려움마저 심화되는 위기에 처하여 있다.

노대통령은 심기일전하여 새 힘을 불어넣고 국가적 역량을 통합했어야 했으나, 과거지향적 유토피아 건설에만 매진하였다. 물론 그것은 지배세력과 권력구조의 개편을 통하여 정권의 계승을 공고히 하자는 데 목적이 있었다. 그리하여 정부와 여당은 국민의 절대 반대에도 불구하고 신행정수도 건설과 과거사 진상규명법, 국가보안법 폐지, 언론개혁법, 사학관련법 처리에 매달려 왔다. 그 동안 노무현 정권이 명운을 걸고 추진하였던 수도이전은 헌법재판소의 위헌판결에 의하여 허무하게 좌초되고 말았다. 그러나 정권적 차원에서 명운을 걸었던 사람들 가운데 그 누구 하나 자신의 책임이라고 나서는 이가 없었다.

이것은 노무현 정권의 정치적 사기행위를 가장 극명하게 드러내준다. 이부영, 천정배, 유시민 등 여당의 간판스타들은 일제히 헌법재판소 판결에 시비를 걸었다. 국가의 흥망성쇠와 직결된 수도이전을 정치적 이해관계에서 추진하였던 세력들에 대하여 헌법재판소는 가장 이성적이고 적절한 판단을 통하여 제재할 수 있었다. 우리 국민들은 이 같은 정치적 제동장치가 제대로 작동한 사실에 대하여 안도하고 있으며, 이것이야말로 그 동안 피흘려 싸웠던 민주화의 결실이라고 생각하고 있다.

이해찬 총리는 지금까지는 그런 대로 성실한 정치인이라고 평가받아 왔다. 그 역시 신행정수도 문제에 책임을 지겠다고 약속한 바 있으므로, 헌재의 결정에 대하여 그만큼은 책임지는 모습을 보여주어야 했다. 그러나 그는 스스로 정치파국을 초래함으로써 사실을 호도하고자 했다. 해외 순방 중에 있었던 정치발언이나 야당에 대한 직선적인 독설은 행정수도 이전 실패에 따른 여론을 호도하기 위한 기만술책에 지나지 않는다.

정부와 여당의 결정적인 실책은 자신들의 잘못을 있는 그대로 인정하지 않고 다른 데로 전가하는 데 있다. 그들은 절차적 정의를 고려하지 않은 정치적 자만을 반성하기는커녕 자신들의 애국적 충정을 헌재가 짓밟았다는 피해의식에 사로잡혀 있다. 그들은 수도이전 반대자들이 수없이 반복적으로 요구하였던 국민투표 절차를 스스로 무시한 사실에 대하여 아무런 책임의식도 느끼지 못한다.

국민은 이제 모든 것을 알고 있으며, 더 이상의 정치적 기만을 묵과하지 않을 것이다. 그러나 정부와 여당은 아직도 사태를 파악하지 못한 것 같다. 그들 스스로 4대 개혁법안이라고 부르는 것을 밀어붙이기에 급급하고 있기 때문이다. 그러면서도 정부와 여당은 친북 좌파정권이라는 비판에 대해서는 혐오감을 드러내기 시작하였다. 이것은 어느 정도 변화의 가능성을 시사하고 있기는 하지만, 그러나 국민의 마음을 돌리기에는 이미 늦은 것처럼 보인다.

정부 여당의 주적(主敵)은 왜곡된 의사소통의 구조이다. 다른 정권에서는 중반 무렵부터 어두워지기 시작한 대통령의 눈과 귀가 이 정부에서는 출범 초기부터 막혀버리고 말았다. 정부와 여당 내부의 중도파들은 소수의 강경파에 주눅이 들어서 제 목소리조차 내지 못하고 있다. 그래서인지는 몰라도 국민 모두가 고통 받고 있는 경제 위기를 그들만 모르고 있다. 그들이 추진하는 4대 개혁법은 국가의 미래발전을 지향하는 법안이 아니라, 우리가 지금까지 이룩한 국부(國富)를 부정하고 해체할 수 있는 분란적 성격이 더 강하다.

충청지역은 새로운 지역 정당을 모색하기 시작하였고, 위대한 지지세력이었던 호남의 지역정당화도 가속화되고 있다. 수도권의 민심은 이미 돌아선지 오래이다. 또 다시 지역정당의 시대로 회귀한다면 노무현 정권이야말로 시계를 거꾸로 돌렸다는 비난을 받게 될 것이 분명하다. (2004.11.01)

노대통령의 진화와 야당의 대응

비록 불발되기는 했지만 노무현 대통령이 민주당 김효석 의원을 교육부총리에 지명하고자 한 것은 절묘한 선택이었다. 이 카드가 성공했다면 노무현 정권은 돌아섰던 호남 민심을 달래면서 민주당과의 합당을 적극 추진할 수 있었을 것이다. 그러나 실패하더라도 노대통령으로서는 별로 손해 볼 것이 없었다. 김효석 의원 개인에 대한 신뢰를 더욱 돈독하게 다질 수 있을 뿐만 아니라 민주당과 호남사람들에게 자신의 속내를 비칠 수 있었기 때문이다.

그러나 이 일이 그리 간단한 것은 아니다. 호남사람들은 이미 돌아섰기 때문이다. 한 번도 아니고 두 번씩이나 노무현 정권으로부터 배반당한 호남인들로서는 확실한 정치권력의 결성만이 자신들의 살길이라고 생각하게 된 것이다. 호남의 정치적 기반에 기대어 대권을 잡은 노대통령이 민주당을 숙청해 놓고서 호남사람들에게 차선의 선택이 아닌 절대적 지지를 요구했던 것은 잘 알려진 사실이다. 그의 요구대로 호남사람들은 열린우리당에 대한 절대적 지지를 보냈으며, 대선과정에서 그에게 부정적이거나 소극적이었던 대부분의 인사들이 총선에서 탈락하였다.

그러나 호남사람들은 또 다시 무시되었다. 따라서 그들은 민주당이 열린우리당과 합당하는 것보다는 대항권력으로 성장할 수 있도록 지원해야 한다고 생각하고 있다. 선거사범에 대한 재판이 이루어지고 여당이 과반수 의석조차도 위협받게 되면서 노무현 정권은 초조해지기 시작하였다. 노무현 대통령의 인사 스캔들은 바로 호남사람들의 마음을 돌려보자는 속셈이었던 것이다.

지난 2년 동안 노무현 정권은 호남 민심의 이탈 이외에도 여러 복병들을 만나 고전하였다. 탄핵 이후 순풍에 항해를 했던 노무현 정권에게 가장 강력한 복병은 바로 박근혜 대표의 출현이었다. 그 동안 별로 주목받지 못했던 박근혜의 존재가 부각될 수 있었던 가장 큰 이유는 바로 노무현 정권에 있었다. 한나라당에게 박근혜는 잔다르크와도 같은 존재였으며, 노무현 정권과의 첫 번째 라운드를 성공적으로 방어하였다. 한나라당을 살려낸 것이다.

호남민심의 이탈과 박근혜의 출현은 총선 이후 노무현 정권의 근본을 뒤흔들 정도로 괴력을 발휘하였다. 그러나 결정적으로 노무현 대통령의 정치스타일을 변화시킨 사건이 있었다. 그것은 바로 헌법재판소의 수도이전 위헌 판결이었다. 이로써 충청권의 민심이 돌아섰고 노무현 정권의 마지막 존재이유마저 흔들리는 위기에 처하게 되었다.

노대통령의 선택은 분권형 총리제의 강화로 나타났다. 그것은 정권이 더 이상 추락하는 것을 막기 위하여 내놓은 마지막 카드였다. 피를 묻히는 일은 그의 분신들에게 맡겨졌다. 노대통령은 총리와 여당의 장막 뒤로 물러났으며, 이와 같은 조치로 인하여 지지도가 상승하기 시작하였다. 이처럼 그는 새로운 정치환경에서 살아남기 위하여 변신을 시도했던 것이다. 노대통령의 진화는 이제 본 궤도에 올랐다. 경제 올인의 구호도 정치적 생존을 위한 진화의 단면에 지나지 않는다.

그의 진화가 성공적으로 진행될 수 있었던 것은 오직 그만이 진화를 시도했기 때문이다. 상대적으로 한나라당과 민주당은 퇴화하는 것으로 비춰질 수밖에 없다. 최근 정부와 여당은 반부패 투명사회 운동을 전방위로 확장하는 동시에, 한일협정 외교문서 등을 공개하면서 한나라당을 박정희 대통령의 사당으로 각인시키기 위하여 주력하고 있다. 또한 연기 공주 지역에 행정중심도시 건설을 추진한다는 안을 확정함으로써 충청권의 지지를 가까스로 붙들 수 있었다. 한참 느긋해진 노대통령이 김효석 의원에게 추파를 던진 것은 호남 민심을 돌리기 위한 것이었다.

한나라당은 노무현 대통령의 진화 사실을 간과하였다. 한나라당은 4대 법안에 대한 국민들의 반대여론에 안주하여 있는 듯하다. 그러나 그들이 믿고 있는 여론은 언제라도 돌아설 수 있는 것이다. 박근혜 대표는 지도부를 새로 구성하여 한나라당을 일신하려고 하지만, 한나라당을 살릴 수 있는 길은 그 스스로 백의종군하는 것밖에 없다. 만일 한나라당이 5공과 6공에 대한 정치비판에 이어서 박정희 정권에 대한 정치적 책임까지를 감당하려고 한다면 그야말로 쑥밭이 되고 말 것이다. (2005.01.24)

4·30 재·보선의 의미

4월 30일의 재·보선은 한나라당의 압승, 열린우리당의 완패로 막을 내렸다. 국회의원 6명, 기초단체장 7명, 광역의원 10명을 새로 선출하는 23개구의 선거에서 한나라당은 국회의원 5명, 기초단체장 5명, 광역의원 8명이 당선되는 쾌거를 이루어냈다.

노무현 대통령에 대한 탄핵 정국에서 이루어진 지난 총선과는 너무나 대조적인 결과여서 여야 모두 의아해 하고 있는 것이 사실이다. 어떻게 1년 만에 민심이 이렇게 정반대로 돌아설 수 있는 것일까? 그러나 다시 생각해보면 그 이유는 너무나 단순하고 명료한 것 같다.

이는 개혁을 표방하는 노무현 정부의 진정성과 성실성이 그 한계에 봉착했다는 것을 의미한다. 이제 국민들은 탄핵정국이 방송사들의 전적인 협조 아래 진행되었다는 사실이나, 수도이전 및 행정도시 문제가 국가의 발전전략 차원에서보다는 충청권의 득표를 겨냥한 것이었다는 사실을 알게 되었다. 그러나 이러한 접근 방식은 국익에 도움이 되지 않는다. 더구나 대다수의 국민들은 정부의 동북아조정자론과 대미정책이 한국의 안보상황을 보다 위태롭게 하고 있으며, 좌파적인 개혁충동은 피땀흘려 일구어낸 경제적 부까지 뒤흔들 수 있다는 사실들을 정확하게 간파하게 되었다.

이 와중에서 노무현 대통령의 친위세력들은 열린우리당의 전당대회를 장악하기 위하여 활거하기 시작하였고, 국민들이 가장 역겨워하는 사람들로 지도부를 채워나갔다. 그나마 대중적 지지를 얻었던 사람들은 후계자 수업을 한답시고 장관직에 묶어 두었다. 노대통령의 지지도가 가장 높게 나온 안정적인 상황에서 당한 일이라서 그들은 매우 당황스러워 하지만, 이는 사필귀정(事必歸正)인 것이다.

이번 선거는 열린우리당의 정체성에 심각한 타격을 주었다. 노대통령은 민주당을 압살할 때 내걸었던 당정분리 주장과는 정 반대로 열린우리당을 명실상부하게 접수하였다. 당에 간여하지 않겠다는 그의 약속과 의지와는 관계없이 친위세력이 당을 장악한 것이다. 그들은 국민들의 차가운 반응을 애써 외면하였다.

한나라당은 경북 영천에 대한 박근혜 대표의 특별한 노력을 제외하고는 거의 모든 지역에서 정부와 여당의 실정에 대한 반사이익을 얻었다. 따라서 우리는 자신들의 압승에 대하여 바로 그들 자신들이 가장 놀라고 두려워하는 이유를 이해할 수 있다. 그 동안 특별히 한 것도 없는 데, 바로 1년 전에 철퇴를 내렸던 국민들이 그들에게 절대적 지지를 보내주었기 때문이다. 이번 선거에 나타난 국민적 지지가 차기 대선에서도 그대로 유지될 것인가는 한나라당 그 자신들에게 달려 있다.

이번 선거의 가장 큰 특징은 지역해체가 심화되었다는 사실이다. 열린우리당은 열여섯 곳에 후보를 내보냈지만 단 한 곳에서도 승리하지 못하였다. 열린우리당의 해체가 시작된 것이다. 수도이전과 행정도시로 난리법석을 피웠던 연기·공주 지역에서조차 지역신당 지지자를 선택하였고, 호남에서는 여지없이 민주당 후보에게 승리를 안겨 주었다. 이는 전국적 지지를 얻기 위하여 출범하였던 열린우리당이 국민들로부터 더 이상 신뢰받지 못하고 있다는 사실을 반증한다.

따라서 정부와 여당이 앞으로의 정책방향을 대폭 수정하지 않을 경우 차기 대선에서의 실패는 자명하고, 여당 조직도 공중분해될 가능성이 높다. 이를 막기 위하여 열린우리당은 민주당과의 재통합을 강도 높게 추진할 것이다. 그러나 오염된 물을 정화하는데 천문학적 비용이 드는 것처럼, 엄청난 대가를 지불하더라도 잃었던 신의를 되찾을 수 있을지는 의문이다.

또한 이번 선거는 차기 대선이 예측할 수 없는 복마전이 될 것이라는 느낌을 갖게 한다. 우선 크게는 한나라당에서 박근혜와 이명박의 대결이 예상되고, 열린우리당에서는 정동영과 김근태의 대결이 불가피하겠지만, 고건과 정몽준의 행보도 국민의 관심을 끌게 될 것이다. 이 네 후보군이 모두 출마할 경우에는 한나라당 후보가 가장 유력하겠지만, 두 정당 모두 다른 두 후보와 통합을 시도할 경우에는 한치 앞도 예측할 수 없게 될 것이다.

이번 4·30 재·보선은 기회를 주었지만 열심히 일하지 않을 경우에는 언제든지 민심이 이탈할 수 있다는 사실을 분명하게 보여준 셈이다. (2005.05.02)

둘 ·· 이념논쟁과 국가 위기

초법적 여당과 헌법재판소

노대통령 탄핵안 철회가 뜨거운 감자로 급부상하고 있다. 총선에서 승리한 정동영 의장의 일성은 국회가 탄핵을 철회하라는 것이었다. 탄핵정국은 아직도 계속되고 있으며, 이제 주도권을 장악한 여당측의 반격이 시작된 것이다. 주요 방송사, 대한변협 지도부, 대다수의 법학자와 시민단체들 역시 탄핵안 철회를 집요하게 요구하고 있다. 이에 대한 야권의 대응은 매우 유약하고 어지럽기만 하다. 그러나 우리는 목전의 이익 때문에 우리의 존립근거까지도 무너뜨리는 우를 범해서는 안 된다.

총선은 끝났지만 선거법 위반자에 대한 수사와 재판은 이제 시작된다. 대검공안부의 발표에 의하면 299명의 당선자 가운데서 70명이 선거법 위반과 비리 등의 혐의로 수사의 대상이 되고 있다. 노대통령의 탄핵안 역시 선거법 위반에 관한 내용을 담고 있다. 그러므로 총선에서 승리했다고 탄핵을 철회하라는 여당측의 주장은 국회의원에 당선되었으니 모든 수사를 중단하라는 것과 같은 억지 논리이다. 이것이야말로 탄핵철회를 주장하는 열린우리당 정동영 의장이나 헌법재판소의 존립까지도 부정하는 송영길 의원이 유념해야 할 사항이다.

탄핵안이 가결되었을 때 노대통령은 국회는 정치적 판단을 했지만 헌법재판소는 법적 판단을 하기 때문에 잘 될 것이라고 자신의 희망을 밝힌 바 있다. 문제는 그가 바라던 법적 판단이 내려지기도 전에 정치적 판단을 뒤집을 수 있는 새로운 환경이 조성되었다는 것이다. 그러나 여야에 대한 지지도가 거의 비슷하기 때문에 총선에서의 정치적 승리를 법적 심판의 잣대로 삼을 수 없다는 주장도 존중되어야 한다. 그렇다면 노대통령의 언행과 선거결과 사이의 인과관계를 헌법재판소로 하여금 꼼꼼하게 따져볼 수 있는 기회를 보장한 후에, 그로부터 법적 정당성까지 확보하려고 노력하는 것이 더 합리적일 것이다.

총선 이전부터 정동영 당의장, 김근태 원내대표는 헌법재판소가 탄핵안을 가결하게 되면 엄청난 사회혼란이 야기될 것이라는 취지의 발언을 함으로써 실질적으로 결정을 수용하지 않겠다는 뉘앙스를 비쳐왔다. 정의장은 헌법재판소에서 탄핵안이 기각되면 국회의 권위가 훼손될 수 있기 때문에 결자해지의 차원에서 국회가 탄핵안을 철회하는 것이 마땅하다고 주장한다. 그러나 헌법재판소가 탄핵안을 기각하기 전에 국회가 탄핵안을 스스로 철회하는 것이 권위와 명예를 지키는 일이라는 그의 주장은 일방적이다. 왜냐하면 기각당하는 것이나 스스로 철회하는 것 모두 국회의 권위에 손상을 가져 올 것이지만, 헌법재판소가 탄핵안을 가결하여 국회의 권위와 명예를 지켜줄 수도 있는 가능성에 대해서는 전적으로 배제하고 있기 때문이다.

송영길 의원의 발언은 더 극단적이다. 그는 헌법재판소가 국민이 직접 선출한 대통령의 진퇴를 결정하는 것은 부당하다고 주장하였다. 물론 우리는 탄핵정국에서 빚어질 수 있는 국정혼란이나 혹시 탄핵안이 가결될지도 모른다는 위험요소를 사전에 제거하자는 취지를 이해하지 못하는 것은 아니지만, 이처럼 대한민국의 근간을 뒤흔드는 발언까지 용납하기에는 인내심이 부족한 것 같다. 국민이 직접 선출했다는 이유만으로 사법기관이나 헌법재판소가 판단할 수 없다는 주장은 무지막지한 발언이다. 직접 선출된 정치인이나 공무원 역시 법을 위반했다면 법적 심판의 대상이 되어야 한다.

노대통령이 탄핵소추된 이유 중의 하나는 선거법 위반이다. 선거결과는 열린우리당의 압승으로 나타났다. 바로 그 때문에도 노대통령의 탄핵재판은 헌법이 정한 절차에 따라서 진행되어야 한다. 법적 규정에 없는 여러 이유와 근거를 제시하면서 헌법재판소의 심판을 저지하거나 무효화시키려는 어떤 행위도 용납될 수 없다. 노대통령이 남은 임기를 수행하는데 필요한 정당성은 정치적 절차뿐만 아니라 법적 절차에 의하여 입증되어야 한다. 만일 정부와 여당이 노대통령에게 가능한 위험요소를 제거하기 위하여 헌법절차를 무시한다면 또 다른 위험사태에 직면하게 될 것이다. (2004.04.19)

천도(遷都) 논쟁

한 국가의 수도는 역사적 문화적 정체성을 드러내는 고유한 브랜드다. 워싱턴, 런던, 도쿄, 모스크바, 베이징, 그리고 서울은 굳이 국명을 거론하지 않더라도 통용되는 고유 브랜드다. 외국에서 생활한 적이 있는 사람이라면 '서울에서 왔다'는 말로 국적을 소개한 경험이 있을 것이다.

지금 우리나라는 천도 논란으로 들끓고 있다. 이해관계에 따라서 국민적 사기극이라고 말하기도 하고, 탄핵에 버금가는 제2의 대통령 거부사태라고 주장하기도 한다. 이처럼 상반된 시각은 수도 이전의 논의 절차와 과정에 대한 인식 차이에서 비롯된 것 같다.

첫째로 지금 참여정부가 추진하는 수도 이전 계획이 청와대 및 행정부의 일부 기관만을 옮기는 행정수도 이전인가, 아니면 입법부와 사법부를 포함하는 헌법기관의 총체적 이전, 즉 천도인가에 대한 불협화음이 있다. 노대통령은 정부가 추진하는 것은 천도가 아니라고 주장하면서도 국회 및 법원의 이전 여부에 대해서는 국회의 동의를 구하겠다고 밝힌 바 있다. 이러한 사실에서 우리는 혼란의 진원지가 노대통령이라는 사실을 알게 된다. 노대통령은 수도의 모든 기능을 옮기는 것을 천도라고 생각하는 것 같다.

현재 서울의 경제, 문화적 기능은 그대로 유지하기 때문에 천도가 아니라고 말한다. 그러나 행정부, 즉 행정 수도의 이전만으로도 천도에 해당된다. 따라서 노대통령은 애매한 개념 사용으로 국민의 비판여론을 비켜가려고 해서는 안 된다.

둘째로 수도 이전에 대한 정당성 확보가 충족되었는가에 대한 논란이 있다. 먼저 대선 공약, 행정수도 이전에 관한 특별법 제정, 탄핵 통과 등으로 법적·절차적 정당성을 모두 확보했다는 노대통령의 주장이 있다.

이에 대하여 수도 이전은 국가의 안위에 관한 중대사이므로 국민투표를 실시해야 하고, 행정부의 이전 계획을 천도 수준으로 확대하는 것에 대한 새로운 합의 도출도 필요하다는 야당의 주장이 있다.

수도 이전에 대한 국민투표 실시는 노대통령 스스로 제시한 대선 공약으로 확인되었다. 문제는 지난 탄핵 정국에서 노대통령에게 70% 이상의 지지를 보냈던 국민들이 이번에는 국민투표 실시를 요구하고 있다는 사실이다.

노대통령은 수도 이전에 대하여 국민투표를 실시하겠다고 했다가, 국민투표 대상이 아니라고 말하기도 하고, 사실상 실시할 기회가 없었다고 하면서도 국회가 논의하여 요구하면 실행하겠다고 하는 등, 일국의 대통령으로서 도저히 믿기 어려운 불안정한 모습을 보여주었다.

셋째로 수도 이전에 관한 특별법은 국회를 통과한 사안이기 때문에 국민투표 실시는 국회의 권위를 훼손할 수 있다는 노대통령의 주장이 신실한가에 대한 논란이 있다. 상당수의 네티즌들은 선거법 위반에 대한 사과를 요구하였던 국회의 요구를 무시하고, 결국 탄핵 정국에 대한 빌미를 만들었던 노대통령의 행위 사실은 그의 국회 존중 발언과 모순된다고 지적한다. 자신의 이익에 부합되는 경우에는 국회를 존중하고 그렇지 않으면 국회를 무시하였던 노대통령의 주장에는 성실성이 결여되어 있다.

수도 이전, 즉 천도는 어느 한 대통령 또는 정부가 일방적 단견적으로 결정할 사안이 아니다. 노대통령은 천도에 정부의 명운을 걸겠다고 발언함으로써 이미 평상심을 잃고 있다. 대통령 자신이 또다시 대통령직을 걸만큼 중대한 사안이라면 굳이 국민투표를 회피하는 이유가 무엇일까?

노대통령과 여당은 한나라당이 정치적으로 교착상태에 빠진 것을 알고, 특히 박근혜 대표에 대한 공격 수위를 높이고 있다. 그러나 자신들 역시 국민들의 직접적인 의사결정에 소홀하였기 때문에 탄핵 정국 이후 곧바로 천도 딜렘마에 빠지고 말았다. 노대통령이 국민투표를 실시할 경우 그것은 결정적으로 자신의 재신임과 연계될 것이고, 국민투표를 실시하지 않을 경우에는 차기 대권주자들에 의하여 번복될 수도 있기 때문이다. 천도야말로 정부와 야당의 정치적 이해를 초월한 문제이며 국가의 존망과 안위가 걸려 있는 중대 사안이라는 사실을 간과한 소치일 것이다. (2004.06.22)

위기의 대한민국

대한민국은 지금 절체절명의 위기에 직면하여 있다. 고(故) 김선일씨의 테러 사망에서 보듯이 국민의 생명을 수호하지 못한 정부에 대한 불신이 고조되고 있을 뿐만 아니라, 수도 이전이나 북한 핵 문제와 같이 국가의 안위가 걸린 중대사안들조차 투명한 원칙과 지침 없이 방치되고 있기 때문이다. 더욱 더 우리를 어렵게 하는 것은 하나의 사건이 터지면 모든 국력이 그 한 건에만 집중된다는 사실이다.

김선일씨의 테러사건을 우리 정부가 인지한 시점이 20일씩이나 차이 난 것도 문제이고, 외교통상부의 담당직원들이 AP통신의 전화 문의를 묵살하고 그 사실을 은폐한 것도 문제이지만, 노대통령이 외교, 안보, 국방의 전 시스템을 감사원으로 하여금 감사하도록 공개적으로 지시한 것은 더 큰 문제이다. 감사원이 국가의 고급 정보를 취급하는 세 부서에 대한 감사 능력을 가지고 있는지 믿을 수 없으며, 그것이 공개적인 감사 대상인지도 의문이기 때문이다. 이에 그치지 않고 상임위원회의 구성도 마치지 않은 상태에서 여야는 이 사건에 대한 국정조사를 실시하기로 합의한다. 감사원의 조사를 지켜보면서 국회를 정상화하는 것이 더 바람직하지 않았을까?

며칠 전만 하더라도 우리는 쓰레기 만두 사건으로 온 나라가 시끌벅적했다. 우리나라의 모든 매스컴은 만두 스캔들을 다루었고 전 국민은 분노를 금하지 못하였다.

그 후 만두 문제는 어떻게 되었는가? 난리를 쳤던 매스컴에서는 이제 만두가 괜찮다고들 한다. 어떤 만두 회사의 젊은 사장이 억울함을 호소하면서 한강에 투신한 결과였다. 어느 누구 하나 책임지지 않은 상태에서 만두 스캔들은 이제 국민들의 뇌리에서 사라지고 말았다.

수도 이전의 문제로 인하여 우리는 또 얼마나 어처구니없는 갈등과 반목에 시달리지 않으면 안 되었던가? 수도를 이전하는 가장 중요한 목적이 아마 국토의 균형 발전이었을 것이다. 우리나라의 국토가 얼마나 광대하기에 그 같은 발상에 사로잡혀서 45조 이상의 천문학적 예산을 투입한단 말인가? 수도를 충청도로 옮기면 동북아시아의 중심국가가 되고 그렇지 않으면 우리나라가 그대로 몰락한단 말인가? 수도를 충청도로 옮겼다가 이삼십년 후에 통일이 되어 개성이나 판문점 근처로 수도를 옮겨야 한다면 또 어떻게 할 것인가?

수도 이전의 정책 속에는 수도 이전의 이유 근거와 타당성 검토 및 그로 인한 국가적 손익 계산 등 가장 본질적인 고민이 결여되어 있다.

지난 해 우리는 국가 이익의 확대 재생산을 위해 분투하는 대신에 노무현 대통령 탄핵이라는 비생산적인 일에 수개월을 허비해야 했다. 이 역시 정치지도자들이 조금만 이성적으로 사고하고 상대방을 존중했더라면 충분히 피할 수 있는 일이었다.

우리나라의 모든 역량이 소모적인 이 논쟁에 집중되었으며, 그에 따른 경제적 손실은 형언할 수 없을 정도였다.

또한 중국이 고구려사를 왜곡해 자국 역사로 편입하였던 이른바 동북공정 프로젝트 때문에 우리는 얼마나 호들갑을 떨었던가? 그러나 중국이 지금 다시 단군 조선의 신화마저 해체하고 있는 시점에서 우리는 그저 무기력하게 바라다볼 뿐이다. 온 나라가 테러 정국에 휩싸여 있어서 다른 문제들을 전혀 보지 못하기 때문이다.

국가의 안정적인 발전을 도모하기 위해서는 고질적인 문제들을 하나씩 해결하는 것이 지름길이다. 국민연금제도는 저소득층의 국민연금 부담을 국가의 복지기금으로 분리시키지 않고서는 개선될 기미가 보이지 않는다. 충청도 지역의 고질적인 수해를 방지하는 데도 엄청난 예산이 필요하다. 6·25전쟁과 월남전에 참전했던 용사들에 대한 보상이 민주화 운동의 관계자들에 대한 보상에 비해 미미하다는 불평을 해소하는 데도 천문학적인 예산이 필요하다.

선택과 집중이라는 구호 아래 교육예산을 특정 대학과 학부에 쏟아 부으면서도 기초적인 교육예산을 돌보지 않는 것도 큰 문제이다. 대한민국을 위기에서 구하려면 위기관리 시스템을 구축하여 이런 만성적인 문제들을 하나씩 해결해 나가야 한다. (2004.06.29)

국가의 존재근거

국가가 국민들 위에 권력체로서 존재하는 가장 큰 이유는 국민의 안전과 질서를 유지하는 데 있다. 국가 정체성 위기의 논란에 휘둘리고 있는 지금 우리는 국방과 치안을 담당하고 있는 우리 군과 경찰에 대한 우리의 인식을 새롭게 하지 않으면 안 된다. 우리 군과 경찰은 더 이상 독재정권의 수호자들이 아니기 때문이다.

최근에 일어났던 김선일씨 피랍·살해사건에 대하여 노무현 대통령이 외교부, 국방부, 안기부 등의 주요기관에 대한 감사를 감사원에 위촉한 사실에서 우리는 현 정부의 안보감각을 짐작할 수 있다. 우리나라의 감사원 조직이 그런 임무를 수행할 능력을 갖추고 있는가? 또한 서해의 북방한계선을 침범한 북한 경비정에 대한 작전에서 해군작전사령부가 상부의 사격중지명령을 우려하여 북한 측의 교신 사실을 보고에서 누락시킨 사실은 지휘체계에 심각한 불신이 드리워졌다는 증좌이다. 이 문제의 처리 과정에서 3성 장군이 자진 전역하는 사태로 진전된 것은 우리 군의 사기에 크나큰 손실이 아닐 수 없다.

지난 6월 19일 국가안전보장회의(NSC) 이종석 사무차장은 군 장성 70여명을 대상으로 한 강연에서 우리 군이 상대방에 대한 적개심에 기초해 방어선에 서는 것보다 조국에 대한 자부심에 기초하여 서 줄 것을 당부한 바 있다. 그리고 최근 보고누락 사건으로 도마 위에 오른 해군 제2함대 사령부를 방문한 열린우리당 신기남 의장은 자리에서 북한의 도발에 대하여 '눈에는 눈, 이에는 이'의 방식으로 대응하지 말 것을 주문하였다. 정부는 오는 10월에 발간될 국방백서에 북한을 주적(主敵)으로 지칭한 부분을 삭제한다는 방침을 정하였으며, 여단 의원 46명은 국가보안법 폐지안에 서명하였다.

물론 우리는 북한이 평화적인 방향으로 선회하였거나 또는 우리가 더 이상 북한을 위협적인 존재로 여길 필요가 없을 정도의 국력을 가졌다면 매우 바람직한 제안으로 받아들일 수 있을 수 있을 것이다. 그러나 한반도를 둘러싼 열강의 대립으로 인하여 우리는 그 어느 때보다 초조한 상태에 있다. 지난 7월 2일 주한미군의 주력부대 3,600명이 이라크로 빠져나갔으며, 올해 안에 2,400명이 추가로 빠져나가며, 내년까지 12,500명 선까지 감축할 계획이다. 잔류 미군 역시 이미 한강 이남으로 철수할 계획을 확정한 상태다. 거기다가 우리는 자이툰 부대의 이라크 파병을 단행하고 있어서 불가피하게 국방력의 공백이 생기게 되었다.

더욱 더 놀라운 것은 정부의 신행정수도 건설이 그 동안 알려진 것과는 달리 군사적인 목적을 가지고 있다는 사실이다. 김안제 신행정수도건설위원장은 북한과의 전쟁이 발생할 경우에 수도권의 점령으로 인구의 50%와 국력의 70%를 빼앗길 수 있는 위험이 있어서 수도 이전이 필요하다고 역설하였다. 기가 막힐 노릇이다. 정부는 그 동안 서울에서 50만의 인구만을 가져다가 신 행정수도를 건설한다고 강조해 왔다. 이들의 논리대로라면 대다수의 서울 사람들은 모두 북한에 내주어도 좋다는 것이 된다. 결국 주한미군이 한강 이남으로 철수하니 정부도 따라갈 속셈이었던 것인가?

한나라당 박근혜 대표가 국가정체성의 문제를 제기한 것은 바로 이런 차원에서일 것이다. 현 정부는 국가가 국민에게 지켜주어야 할 것을 확실하게 보장하고 있는가? 우리는 진정으로 북한의 위협과 도발을 저지할 군사력을 가지고 있는가? 정부의 주장에 따를 때 자유 민주주의의 이상이 훼손될 염려는 없는가? 노대통령은 이런 물음들에 대하여 성실하게 대답하고 국민을 안심시켜야 할 책임이 있다. 그러나 사정은 그렇지 않은 것 같다. 정부는 생명을 걸어놓고 이라크로 향하는 자이툰 부대의 출정식조차도 비밀에 부쳤다. 정부가 곤란에 빠지지 않기 위하여 우리 군의 명예와 자부심을 버렸던 것이다. 어디 그 뿐인가? 서해교전을 기리는 전쟁기념비 건립 사업조차도 남북간의 적대적 구도를 조장한다는 이유로 반대하는 시민단체까지 있다고 하니, 우리 군의 존재이유가 어디에 있는지 노심초사하지 않을 수 없는 것이다. 정부는 국가의 존재근거를 흔들어서는 안 될 것이다.

(2004.08.05)

권력과 역사의식

노무현 대통령의 광복절 경축사는 총론적으로 옳은 것처럼 보이지만 자신의 정치적 이해관계에 포박되어 있어서 성실성의 한계를 드러내고 있다. 노대통령의 지적대로 역사가 미래를 창조하는 뿌리가 되기 위해서는 역사에 대한 평가 주체가 중립적이고 건전한 상식에 바탕을 두어야 한다. 그러나 그보다 더 중요한 것은 정부와 여권이 역사 청산에 승부를 내걸 정도로 태평스러운가라는 점이다.

역사 기술이나 역사적 평가를 권력기관이 관장하려고 해서는 안 된다. 역사는 매우 객관적인 사실들로 구성된 것처럼 보이지만, 역사만큼 주관적인 것도 없기 때문이다. 역사 현상이나 역사적 사건은 거기에 관련된 구성원과 그것을 바라보는 주체의 시각적 차이에 의하여 전혀 다른, 심지어 상충되기조차 한 해석들을 낳게 된다. 따라서 역사해석에 있어서는 사법부의 판결처럼 결정적으로 효력을 갖는 주장조차도 언제나 반박될 수 있는 여지를 갖고 있다.

반민족 친일행위의 진상을 조사하고 청산해야 한다는 주장은 분명히 대다수의 국민감정과 부합되는 것이 사실이다. 그럼에도 불구하고 왜 우리는 노대통령과 정부, 그리고 여당의 강력한 주장에 선뜻 동의할 수 없는 것일까? 그것은 바로 그들이 현재 권력의 주체세력이기 때문이다. 권력의 주체는 언제든지 역사를 왜곡할 수 있다.

이것이야말로 부정할 수 없는 역사적 진리이다. 그래서 조선시대에는 왕이 자신의 통치행위에 대한 사관의 기록을 열람할 수 없도록 했던 것이다.

노대통령은 반민족 친일 행위를 넘어서서 과거의 국가권력이 저지른 인권침해와 불법행위까지도 조사할 수 있는 포괄적인 의미에서의 진상규명특별위원회를 국회 내에 구성할 것을 제안하였다. 그러나 우리나라의 정치역학 구도로 볼 때 국회가 국가권력기관의 비리를 조사하기에는 아직 역부족이다. 다른 하나는 역사적 쟁점에 대한 진상 규명이 반성과 화해를 위한 것이라면 무엇 때문에 정부가 직접 나서는가 하는 점이다. 민족단체들과 학자들에 의하여 조사된 자료들만으로도 진상을 파악하는 데는 충분하기 때문이다.

권력을 가진 정치세력은 정치적인 이해관계에 의하여 행위하는 속성을 가지고 있다. 과거역사청산에 대한 노대통령의 제안을 신뢰하지 못하는 이유 역시 여기에 있다.

노대통령 자신의 사상이 좌파적으로 평가되고 있는 점이나 그 장인의 부역 행위 논란은 그가 역사청산의 공정한 주체가 될 수 없다는 상식적인 결론에 이르게 한다. 노대통령이 대한민국의 최고책임자로서 진정한 역사의식을 가지고 있었다면 이번만큼은 일본의 대륙 침략행위에 대한 진정한 사과를 요구하는 동시에, 고구려사의 편입을 지시한 중국의 최고 권력층에 대해서도 적절한 유감을 표명했어야 할 것이다. 그러나 우리 정부는 시종일관 비굴한 자세를 유지하였다.

중국의 한반도 역사 왜곡은 우리나라의 존립근거를 부정할 정도로 극단을 치닫고 있다. 중국은 동북공정을 통하여 발해와 고구려의 역사를 자국의 역사에 편입시킴으로써 평양 이북지역에 대한 역사주권을 주장하였으며, 한강 이남의 고대사 역시 일본의 야마토 정권에 속한다는 이른바 임나본부설을 지지함으로써 우리나라의 역사적 실체를 공중분해하였다. 중국정부는 역사왜곡의 수정을 요구한 우리 정부의 항의에 대하여 해방이전의 한국사를 삭제하는 것으로 대응하였다. 국토 주권뿐만 역사 주권을 지키는 일 역시 대통령의 고유한 임무에 속한다.

정부와 집권 여당은 국내의 역사문제에 개입하는 것을 중단하고 주변국의 역사주권 침탈행위에 적극 대처해야 한다. 국내의 역사 평가 작업은 마땅히 학계와 민간단체에 위임하되, 필요하다면 잘못된 행위를 처벌하고 매국재산을 몰수할 수도 있는 사법적 장치를 보완하는데 지혜를 모아야 할 것이다. 그러나 어떤 이유에서든지 노대통령이나 집권 여당이 국내의 역사 평가 작업을 주도하려는 것은 바람직하지 않다. 현 정부의 수도이전과 과거청산 주장이 여당의 장기집권 시나리오와 무관하지 않다는 항간의 소문을 잠재우기 위해서라도 정부와 여당은 국민의 뜻을 존중하겠다는 초심으로 돌아가야 할 것이다. (2004.08.16)

국가보안법

알카에다와 연계된 것으로 추정되는 체첸 반군의 러시아 인질극은 1,000여명의 사상자를 낸 참담한 비극으로 끝났다. 9·11 사태 이후 미국이 아프카니스탄과 이라크를 침공하자, 알카에다는 미국의 지지국가들에 대한 추가 테러위협을 시사한 바 있다. 이번 러시아 인질극은 테러집단이 개학식에 참석한 학생 및 부모를 대상으로 했다는 점에서 무모하고 반인륜적이다. 거대 소련 제국의 몰락으로부터 이제 겨우 몸을 추스르기 시작한 러시아 정부로서는 또 하나의 시련이 아닐 수 없다.

최근 MBC와의 대화에서 노무현 대통령은 사실상 국가보안법의 폐지를 주문하고 나섰다. 국민주권시대, 인권존중의 시대로 진입하면서 국가보안법과 같은 "독재시대의 낡은 유물은 폐기하고 칼집에 넣어서 박물관에 보내는 것"이 좋다고 말한 것이다. 이와 같은 그의 발언은 헌법재판소와 대법원, 그리고 한나라당의 국가보안법 유지 주장과는 상치된 것으로서 앞으로 상당한 논란이 예상된다.

필자는 지난 1989년에 국가보안법이 대통령과 정부의 대북정책은 물론이고, 이를 알면서도 고지하지 않은 국민들까지도 처벌할 수 있으며, 그런 정황 속에서 특정인만을 선별하여 제재하는 것 역시 법 적용의 형평성을 저해할 수 있다고 비판한 사실이 있다. 당시 신설된 남북경협특별법의 입법자들 역시 국가보안법의 독소조항에 의하여 처벌될 수 있었기 때문이다. 따라서 국가보안법 폐지서명에 동참하기도 하였다.

사실상 "지난날 국가보안법이 국가를 위태롭게 한 사람들을 처벌한 것이 아니라, 정권을 반대하는 사람들을 처벌하는데 주로 쓰여 왔고, 그 과정에서 엄청난 인권탄압과 비인도적인 행위가 저질러졌다"는 노대통령의 발언은 바른 인식에서 나온 것이다. 그래서 국가수호를 위하여 제정한 법률이 인권을 유린하는 도구로 남용되었던 우리의 과오에 대하여 수치스럽게 여기고 이를 청산하려는 노력도 필요할지 모른다. 그러나 그의 모든 발언과 행위는 국민적 신뢰를 상실하고 있다는 점이다.

이제 국가보안법 개폐논쟁은 막바지에 이르고 있다. 국가보안법에는 아직도 독소조항이 남아 있는 것이 사실이다. 그래서 이를 아예 폐지해야 한다는 주장과 개정해야 한다는 주장이 팽팽하게 맞서고 있다. 이 과정에서 정부기관들조차도 찬반의사를 표명하였으며, 폐지가 대세였던 여당에서도 개정파가 생겨날 정도로 복잡기류가 형성되었다. 이런 미묘한 시기에 노대통령이 국가보안법 폐지 주장은 결정적인 것이었다. 그 자신의 실존적 좌절이 직분을 망각하게 한 것이다.

독재정권의 오용으로 인권이 유린되었기 때문에 국가보안법을 폐지해야 한다는 노대통령의 발언은, 그가 국가안보의 최고책임자인 한에서 매우 부적절하고 시대착오적이다. 국가보안법은 더 이상 무소불위의 법안이 아니다. 송두율 교수사건은 국가보안법이 더 이상 철권이 아니라는 사실을 분명하게 보여주었다. 이러한 변화는 시민사회의 요구에 따라서 국회와 정부가 그 동안 국가보안법의 독소조항들을 개정해왔고, 사법부 역시 입법취지에 부합되는 엄격한 법 적용을 위하여 노력해 왔기 때문에 가능한 것이었다.

지금 우리나라는 매우 위태로운 지경에 놓여 있다. 현 정부에 대한 미국의 신뢰는 부시 대통령이 공화당 전당대회에서 우리를 주요우방국으로 열거하지 않을 정도로까지 현저하게 훼손되었다. 과거사 문제를 거론하지 않겠다고 바닥까지 양보했음에도 불구하고 일본 정부는 독도 영유권 주장을 강화하고 있으며, 현 정부가 미국의 대안으로 추파를 던졌던 중국조차도 고구려사 왜곡을 통하여 북한에 대한 연고권을 강화하는 팽창주의를 지향하고 있다. 그래서 만일 노대통령이 러시아에 도움을 요청할 생각이라면, 그 자신의 의도와 관계없이 한말(韓末)과 같은 상황을 다시 부르게 될지도 모른다.

"한국은 거의 홀로 서있는 것 같다"는 미하엘 가이어 주한독일 대사의 발언은 결코 우연하게 나온 것이 아니다. 가진 것을 버리고 새것을 취하려는 노대통령의 스타일은 자칫하면 국가의 근간을 흔들 수 있다. 새것이 옛것보다 좋다는 보장도 없으며, 새것을 취하기도 전에 가진 것을 모두 잃을 수 있기 때문이다. 테러의 시대에 사는 우리들에게 국가안위를 담보할 수 있는 특별법은 존속되어야 한다. (2004.09.06)

신좌파 독재정권

'국민이 대통령'이라는 슬로건을 내걸고 출범하였던 노무현 정부가 드디어 신좌파 독재주의의 노선을 선택한 것 같다. 절대 다수 국민의 의사는 안중에도 없다. 그가 내세운 주요 정책들마다 국민적 지지를 얻지 못하고 답보상태에 머물러 있지만, 새로운 문제를 계속 제기함으로써 국가의 정체성은 물론이고 자유민주주의적 가치관마저 카오스 상태에 빠져들게 된 것이다.

스스로 탄핵정국의 빌미를 만든 후에 지역주의 정서에 기대어 다수당이 되었으나, 그들은 이제 자신들이 판 함정에 빠지고 말았다. 밀어 붙이기로 탄핵안을 가결시켰다고 비난했던 사람들이 누구였던가? 다수당이 된 지금 그들은 다수 국민의 반대 여론에도 불구하고 국가의 근간을 뒤엎으려고 하고 있다. 그들의 지배 논리는 이미 상식의 선을 넘어섰고, 심지어 빈정거림과 광기로 가득 차 있으며, 대부분의 방송과 일부 신문은 이를 맹목적으로 찬양하고 있다.

한 비구니의 단식투쟁은 수조원에 달하는 부산 대구 간 고속철도 공사를 중지하게 만들었다. 그러나 60%의 국민이 반대하는 신 행정수도 건설은 그대로 진행 중이다. 두 사안 모두 사법부의 판단을 기다리고 있다. 그러나 한 사람이 반대하는 일은 공사가 중지되었으나 다수 국민이 반대하는 일은 강행되고 있다. 여기에서 우리는 민주적인 의사결정의 원칙 같은 것을 기대할 수 없다. 노대통령 개인의 의중만이 있을 뿐이다.

자신들의 선거공약이었고 절대 다수였던 한나라당이 법안을 통과시켰기 때문에 수도이전 문제는 더 이상 국민의사를 물을 필요가 없다고 주장한다. 그러나 과거사와 국가보안법 문제에 대한 그들의 논리는 전혀 그 반대이다. 그들의 논리대로라면 한나라당과 합의하여 통과된 친일관계법은 존중되어야 마땅하다. 그러나 그들은 법안이 발효되기 전에 일방적으로 개정안을 제출하는 촌극을 벌였다. 바로 여기에서 그들은 논리적인 모순에 빠지게 된다.

국가보안법 개폐논쟁은 노무현 정부의 이념적 성향을 가늠하는 척도가 되고 있다. 노대통령은 과거처럼 정당 위에 군림하지 않는 대통령이 되겠다고 약속했던 적이 있고, 그런 저런 이유를 들어서 과거 여당이었던 민주당을 해체하고 말았다. 그런 그가 여당을 마치 리모콘처럼 조작하여 국민들을 당혹스럽게 하고 있다. 이런 일은 김영삼 정부나 김대중 정부에서도 찾아보기 어렵다. 당내에서 지시하거나 협의하는 것보다 더 선정적이고 일방적이고 독재적이다. 노대통령에게도 지시 잘 받는 정당이 필요했던 것이다.

형식은 그렇다 치더라도 국가안보에 관한 중대사항을 충분한 검토 없이 함부로 다루는 정부·여당의 경박성은 비난받아 마땅할 것이다. 서민들이 이사할 때조차도 새 집을 미리 마련해 놓고 살던 집을 처리하는 것이 순리이다. 그러나 국가를 경영한다는 대통령과 여당이 국가안위에 관한 중대법안을 무조건 폐지한 후에 필요한 사항이 있으면 형법에 보완하거나 대체입법으로 처리하겠다는 것은 또 무엇인가? 새 칼을 마련하지 않고 쓰던 칼을 버리는 것은 새 가방을 마련한 후에 헌 가방을 버리는 초등학생들보다 어리석기 짝이 없다.

국가보안법의 폐지를 반대하는 80%의 국민은 노무현 정부의 퇴행정치가 이미 지구상에서 실패한 실험으로 판명된 사회주의를 지향하고 있다는 점에서 시대착오적이고, 그들 스스로 비판하는 군사독재정권에서와 마찬가지로 국민의 의사를 무시하는 사실에서 새로운 형태의 독재정권이라고 인식하고 있다. 이른바 신좌파 독재정권이 탄생한 것이다.

노무현 정부는 너무나 많은 것을, 그리고 잘못된 방식으로 바꾸려고 한다. 정부·여당은 자신들의 천박한 정치공학적 행위들을 정당화하기 위하여 국가와 국민을 시험대로 삼아서는 안 된다. 노무현 정부가 신좌파 독재정권으로 낙인찍히지 않으려면 그들 자신의 주장대로 야당과 충분하게 협의하여 정하거나, 그렇지 않을 경우 국민의 반대와 저항에 부딪치고 있는 수도이전, 과거사, 국가보안법 등 주요현안을 헌법이 정하고 있는 국민투표에 부칠 필요가 있다. (2004.09.13)

테러대상국

9·11테러의 배후세력으로 알려진 국제테러조직 알 카에다의 제2인자인 아이만 알 자와히리는 알 자지라 방송에 보낸 녹음테이프에서 한국에 대한 테러공격을 지시하였다. 미국중앙정보국(CIA)는 녹음된 목소리의 주인공이 알 자와히리가 틀림없다고 확인해 주었다. 이라크에 자이툰 부대를 파병한 우리로서는 이러한 사태를 충분히 예측하고 있었지만 실제로 테러 조직의 지도부에 의하여 테러대상국으로 지목된 것은 이번이 처음이라서 여간 섬뜩하지 않다.

우선 자이툰 부대와 이라크 현지에 있는 우리 국민들의 안위가 걱정이 된다. 문제는 테러위협이 이들에 그치지 않고, 세계 각처에 있는 교포들과 국제업무 종사자들, 그리고 재외공관원 모두를 공격 목표로 삼고 있다는 사실이다. 현지 국가의 경찰력에 의하여 보호받고 있는 공관시설과는 달리 해외 주재상사의 가족들이나 교포들은 완전 무방비 상태로 노출되어 있어서 테러위협은 더 이상 잠재적인 것이 아닌 실제상황이 되었다.

테러행위에 대한 철학적 정당성 여부의 논란은 제쳐둔다 하더라도, 가장 심각한 문제는 치밀한 계획을 가지고 의도적으로 자행되는 테러사태에 민간인들이 대처할 수 있는 방법은 거의 없으며 그 희생에 따른 가족들의 고통 역시 형언할 수 없을 정도이지만, 국가권력은 그러한 위협으로부터 국민을 완전하게 보호하지 못한다는 사실이다.

심지어 보험회사조차도 테러 피해에 대한 면책특권을 가지고 있어서 희생자들과 그 가족이 겪는 고통은 이루 헤아릴 수 없을 정도로 크다.

제국주의 세력에 맞서는 수단으로 사용되었던 19세기 말이나 20세기 초의 테러가 어린이와 여자 등 노약자를 배려하는 낭만주의적인 것이었던 반면에, 오늘날의 테러는 수단과 방법을 무시하는 무차별적 광기에 의하여 자행되고 있다. 폭탄차량 공격이나 항공기 납치를 통한 돌진은 물론이고 온몸에 폭탄을 두른 여성테러리스트까지 동원하여, 수백 수천의 여성과 어린이들까지도 공격대상으로 삼고 있다. 그런가 하면 피랍자의 무참한 살해장면을 세계 전역으로 생중계하는 방송사도 있다.

그러나 테러를 미연에 방지하는 것은 너무나 어렵다. 정보최강국임을 자타가 공인하는 미국조차도 9·11테러 이후 빈 라덴을 위시한 알 카에다 조직의 지도간부를 색출하는데 어려움을 겪고 있으며, 테러지원국으로 분류된 아프카니스탄과 이라크를 무력 점령한 후에도 테러의 위협은 갈수록 증가되고 있다. 테러와의 전쟁을 선포한 미국 정부는 자국민의 안전을 위하여 강력한 법안을 제정하고 거의 모든 외국인들에 대하여 모욕감과 수치를 느낄 정도의 철저한 검색을 실시해 왔다.

그러나 우리의 경우는 어떠한가? 알 자지라의 방송이 나간 엊그제서야 정부는 주요 시설에 대한 경계강화를 지시한 모양이다. 그러나 그마저도 국내용이다. 해외 각국에 거주하는 우리 국민들에 대한 안전이 어떤 방식으로 보장되는지에 대한 언급은 없다. 그저 막연하게 테러의 대상이 되지 않기를 기도할 뿐이다. 고 김선일씨 피납사태 이후에 우리는 몇몇 고위 공직자들 이 책상머리에 앉아 쓸데없이 한숨만 쉬는 무슨 위원회 같은 것 말고는 테러 사태에 즉각 작동할 수 있는 실무팀이 만들어졌다는 소식은 들어보지 못했다.

얼마나 경제가 어려웠던지 이번 추석에는 귀향 식구들을 환영한다는 그 흔해빠진 플래카드 한 장 내 걸려 있지 않았다. 추석민심이 어떻다 하는 것을 알아들었다는 여당지도자들이 아직도 국가보안법 철폐에만 몰두하는 것은 테러를 낭만적인 것으로 생각하기 때문일 것이다. 권력을 잡으면 눈과 귀가 어두워진다는 말은 만고불변의 진리임에 틀림이 없다. 북한이 핵공격을 공언하고 미국이 북한인권법을 통과시킴으로써 언제 한반도의 전쟁이 발발할지 모르는 위기상황에서 정부와 여당은 국가안보를 강화하기보다는 더욱 더 위태롭게 하고 있다. 그들이 70년대 반독재 정치투쟁의 승리를 자축하여 신좌파 독재라는 낭만주의적 감상에 빠져있는 동안 우리 대한민국은 이제 북한과 아랍권의 테러위기에 직면하게 된 것이다. (2004.10.04)

스파이 정국과 국가안보

올해의 국정감사는 시작 단계에서부터 스파이 정국으로 전락하고 말았다. 한나라당 박진 의원이 미군의 지원이 없는 상태에서 남북한 간에 전쟁이 발발할 경우 북한의 장사정포의 공격에 의하여 수도 서울의 3분의 1이 한 시간 만에 파괴되고 15일 만에 함락된다는 사실을 공표하자, 이부영 열린우리당 의장은 무책임한 국가기밀누설 행위라고 비난하였다. 안영근 의원은 박진 의원을 스파이라고 규정하였으며, 결국 여당은 그를 국회윤리위원회에 제소하는 사태로까지 확대되었다.

그렇다면 스파이 정국의 본질은 도대체 무엇일까? 대다수 우리 국민들은 미군의 도움 없이 북한과 중국의 군사동맹체제를 견제할 수 없다는 사실을 잘 알고 있다. 이것은 상식이다. 심지어 북한의 독자적인 공격조차도 미군의 지원 없이 우리 군만으로 방어하기에는 역부족이라고 생각하는 사람들이 많다. 미군의 지원이 없으면 우리나라의 안보가 위기를 맞게 된다는 것은 상식이다. 국방연구소는 이러한 가능성을 최악의 시나리오로 분류하였으며, 박진 의원은 그 사실을 공표한 것이다.

우리는 이 논란이 국가안보에 대한 중요한 인식 차이에서 비롯되었다고 보면서도 여당의 반응이 너무나 뜻밖이라서 여간 혼란스럽지 않다. 박진 의원의 발표가 만일 국가기밀누설에 해당된다면, 실제로 그와 같은 국가안보의 공백이 커질 수 있는 방향으로 국가정책을 시행하고자 하는 정부와 여당에게는 더 무거운 죄를 물어야 할 것이기 때문이다. 북한에 대한 주적(主敵) 개념 배제, 국가보안법 철폐, 수도이전 강행 등은 모두 이 문제와 직간접적으로 관련되어 있으며, 미군 없이 한국의 안보위기가 초래된다는 사실을 알고 있는 당국이 미국과의 신뢰관계를 약화시킴으로써 주한미군의 철수를 부추겼던 사실 역시 묵과할 수 없다.

먼저 우리가 생각해야 할 것은 북한의 위협이 현실적으로 존재한다는 사실을 공표하는 것이 국가기밀에 속하는 가의 문제이다. 열린우리당의 상당수 의원들은 지금까지 북한이 우리의 상대가 되지 않으며 결코 위협적이지도 않다고 강조해 왔다. 실제로 임종인 의원은 북한의 장사정포는 유효사거리가 짧아서 서울을 위협할 수 없다고 주장하기도 했다. 그러나 여당의 이런 주장 역시 당파적 이익을 위해서는 달라진다는 점이다. 박찬석 의원은 우리의 무기체계로는 북한의 장사정포를 제압할 수 없으며, 그 피해가 너무나 처참할 것이므로 수도를 이전해야 한다고 주장하였다.

어디 그 뿐인가? 김안제 전 신행정수도건설위원장은 북한과의 전쟁이 발생할 경우에 수도권의 점령으로 인구의 50%와 국력의 70%를 빼앗길 수 있는 위험이 있어서 수도를 이전해야 한다고 역설하였다. 그는 비난 여론에 밀려서 결국

사임하게 되었지만, 면책특권도 없는 그에게 정부나 여당이 국가기밀누설을 문제 삼은 적은 없다. 북한의 군사력 위협은 실재하는 사실이다. 그럼에도 불구하고 이를 과소평가하거나 외면함으로써 정략적 이익을 추구하려는 세력이 있다면 그들이야말로 스파이 집단일 것이다.

현존하는 북한으로부터의 군사력 위협을 국민에게 알려서 적절한 대책을 수립하도록 하는 것은 국회의원의 고유한 책무이다. 정부가 그 사실을 국가기밀로 분류한 것은 실제로 발생할 수 있는 가능성이 있는 시나리오이기 때문이다. 물론 그것이 최악의 상황일지라도 그렇다. 전쟁이란 원래 최악의 상황에서 발생한다. 따라서 현 정부의 국방 및 외교정책이 이와 같은 북한의 위협을 인지하면서도 친북적, 반미적 경향성을 확대해 나갈 경우에 야당의 국회의원은 당연히 이 문제를 지적할 수 있는 것이다.

최근 미 대통령 선거전의 와중에서 북한의 핵무기는 2개에서 4개까지로 추정되고 있다. 이것이 사실이라면 한미의 공동방위체제에도 불구하고 북한은 우리나라를 순식간에 초토화시킬 수 있다. 북한의 위협은 엄존한다. 그런데도 정부와 여당은 주적 개념과 국가보안법을 폐지하기 위해서는 북한의 군사위협을 축소하는 반면에 수도이전과 관련해서는 그 위협을 강조하는 논리적 모순을 범하고 있다. (2004.10.11)

처음 듣는 이론

행정수도특별법에 대해서 헌법재판소가 관습헌법에 속하는 수도 서울을 법률 개정만으로 이전하려는 행위는 위헌이라고 판결하자 노무현 대통령은 '처음 듣는 이론'이라고 곤혹스러워 했다. 헌법에 그 명문 규정은 없지만 모든 국민들이 일반적으로 전제하고 있는 헌법에 준하는 사실들이 있다. 한글이 우리말이고 서울이 대한민국의 수도라는 사실에 이의를 제기하는 국민은 없다. 이런 사실들은 우리나라의 정체성을 나타내는 기본 사항이며, 헌법에 규정된 다른 어떤 내용들보다 높은 가치를 가지고 있기 때문에, 그것을 변경하기 위해서는 국회 의결과 함께 전 국민의 의사를 물어야 하는 것이 당연하다.

수년간의 고시공부 후에 판사까지 했던 노대통령이 설마 이런 관습법을 몰랐다고 할 수는 없다. 다만 그는 항변하고 싶었을 것이다. 그것은 바로 헌법재판소의 판결에 대한 불복의 심리에 다름 아닌 것이다. 헌재에 대한 노대통령의 불만은 지난 번 탄핵 심판에서도 여실히 드러났다. 헌재는 노대통령의 범죄사실을 분명하게 열거하였으며 헌법을 준수해야 할 대통령이 실정법의 권위를 더 이상 훼손하지 않도록 엄중하게 경고하였다. 그러나 그는 탄핵 이후에도 수도이전에 대한 반복적인 국민투표 요구를 묵살하였으며, 국가보안법을 박물관에 보내라고 당에 지침을 내리는 등 실정법의 무력화 시위를 계속하였다.

노대통령의 이런 태도는 법과 정치의 영역에 그치지 않았다. 지금 우리 국민들을 괴롭히고 있는 경제난에 대하여 그는 일부 언론의 조작 선동에 의한 심리적인 것이며, 결코 경제 위기가 아니라고 주장하였다. 노대통령 자신이 이런 인식을 가지고 있기 때문에 대다수 국민의 반대여론에도 불구하고 과거사문제 등 경제불안과 사회분열을 가중시키는 정책을 우선적으로 추진해 왔다. 더 나아가서 그의 뜻과 다른 대다수의 국민들을 반역세력으로 규정할 정도로 노무현 정부의 자만은 극에 달하였다.

집권 이후에 노대통령이 반기업적 정서를 드러낸 탓으로 극도의 투자 위축을 불러일으켰다는 사실을 모르는 국민들은 없다. 외국에 나가 본 사람들이라면 삼성이 만든 전자제품과 현대자동차를 보면서 환호했던 기억이 있을 것이다. 러시아와 동유럽을 순방한 노대통령이 밖에 나와서 보니 우리의 기업밖에 보이지 않았다고 인정한 사실은 그나마 다행이었다. 그의 발언을 보면 지금까지 그가 반기업적이었던 것은 경제와 기업의 중요성을 잘 몰라서 그랬던 것이 확실한 것 같다. 그렇다면 귀국한 후에는 무엇인가 달라져야 하는 것이 아닐까?

노대통령과 그 지지자들은 헌재의 결정을 성토하고 있다. 우리나라는 성문헌법을 가진 국가이기 때문에 수도 서울을 관습헌법으로 보는 헌재의 주장은 자의적이며, 헌재가 헌법에 규정된 국회의 의결권을 무력화시키는 것 역시 삼권분립에 반하는 위헌적 조처라는 것이다. 그러나 천정배 원내대표를 비롯한 그들 스스로 자신들의 주장이 억지라는 것을 잘 알고 있을 것이다. 왜냐하면 국회의 입법 활동을 감시하고 견제하는 것이 바로 헌법재판소의 고유한 임무이기 때문이다. 동시에 그들은 대다수 국민들이 수도 이전을 반대해 왔으며, 헌재의 판결이 옳았다고 생각하고 있는 사실을 부정하려고 한다. 정부와 여당이 헌재의 판결에 이의를 제기하고 불복하면 할수록 국민적 지지는 보다 빠르고 큰 폭으로 이탈할 것이다.

국회는 입법 활동을 통하여 권력 질서를 창출한다. 그러나 헌법재판소는 국회의 활동이 헌법적 질서를 이탈하였을 경우에 위헌심판을 통하여 통제할 수 있다. 헌법재판소는 여당과 노무현 정부가 국회의 탄핵안 가결을 쿠데타라고 규정했던 사실에 대해서도 그 법적 행위를 인정하고 존중하였으며, 이번 심판에서도 국회의 입법권 자체를 부정한 것은 아니었다. 헌재로부터 유리한 결정을 얻은 경우에는 환호하고 불리한 판결 앞에서는 저주하는 여당과 청와대의 변덕이 있을 뿐이다. 헌재의 판결은 상식이다. 정말로 처음 듣는 이론이라면 노대통령은 공부를 더 해야 한다. 그러나 불복의 심정으로 말한 것이라면 초심으로 돌아가라고 권하고 싶다. 노대통령은 자신이 당선소감을 밝힌 그 자리에서 너무나 벗어나 있다는 사실을 깨달아야 한다. (2004.10.22)

잘못된 사회혁명

미국 조지타운대 아시아센터 스타인버그 소장은 지금 한국에서는 사회혁명이 진행되고 있다고 주장하였다. 그는 이 혁명이 가난으로부터 탈출을 시도하였던 60년대의 문화혁명과 근본적으로 다르며 정치 이데올로기적 성격이 강하다는 사실을 지적하였다. 북핵과 미군철수 등의 문제에서 한국 정부의 대북·대미정책의 기조변화는 앞으로의 동아시아 안보상황에 상당한 변수가 될 것이라고 진단한다. 또한 그는 한국 내부의 사상투쟁이 재연됨으로써 사회혼란에 따른 자본이탈의 위험까지 경고하고 있다.

우리 사회가 정치경제의 비약적 발전을 위하여 개혁 비용을 부담해야 한다면 이를 마다할 국민은 없을 것이다. 그러나 지금 우리가 직면하고 있는 혼란과 갈등은 우리 사회의 발전을 위한 것도 아니고, 더구나 IMF 때와 같은 국가적 위기를 극복하는 과정에서 비롯된 것도 아니다. 그것은 처음부터 잘못된 정치적 목표 추구에서 비롯되었기에 더욱 허탈한 것이다. 현재 우리 국민들이 겪고 있는 고통과 질곡은 사이비 통합과 거짓 상생을 약속한 정권이 탄생하면서 비롯되었기 때문이다.

노대통령은 열린우리당의 창당 1주년을 축하하는 메시지에서 "100년 넘는 역사를 가진 성공한 정당"을 만들자고 당부하였다. 이 발언은 지배세력의 교체를 위하여 4대 법안을 강행 처리하려고 했던 사실과 맞물려 있다. 노무현 정부가 30년 집권 기반을 다지기 위하여 무리수를 두고 있다고 우려해왔던 비판적인 국민들의 예상을 뒤엎고 그는 100년 이상의 존속을 주문하였다. 물론 국민들은 노무현 정부가 출범했을 때와 같이 국민을 대통령이라고 생각해 준다면 기꺼이 절대적인 지지를 보낼 것이다.

그러나 지금 어떠한가? 국민의 이름은 지워진 지 오래고, 서슬이 시퍼런 대통령만 홀로 군림하고 있지 않은가? 열린우리당이 국가 발전을 위하여 새로운 활로를 모색한다면 국민들은 당연히 앞장서서 지지할 것이다. 그리고 그런 경우에만 정당의 역사도 100년 이상을 지탱할 수 있을 것이다. 그러나 이들은 자신들의 집권을 30년 이상, 그리고 100년 넘게 연장시키기 위하여 국가의 근본을 뒤흔들며 과거의 모든 역사와 전통을 부정하고 있지 않은가? 그리고 가장 손쉬운 방법으로 국민의 세금부담만 늘리고 있지 않는가 말이다.

이런 막가는 정치행태는 그들이 비판하는 독재정권과 바로 닮아 있다. 국민의 의욕과 소망을 간단한 법 제정으로 마음대로 통제할 수 있다는 발상이 그들에게 팽배해 있는 것도 문제이지만, 행정을 총괄하는 국무총리가 특정 언론사들과 재단법인을 염두에 두고 극단적인 폭언을 일삼는 것도 이미 정상성을 넘어서 있다는 결정적인 증좌일 것이다. 두 번에 걸친 국민의 심판에도 아랑곳하지 않고 독선과 아집으로 가득 찬 무한질주를 멈추지 않는다면 정부와 여당은 머지않은 장래에 궤멸하고 말 것이다.

미국의 지식인이 지적했다고 그러는 것이 아니다. 2년 전부터 우리는 정부와 여당에 대하여 잘못된 정책 방향을 수정하라고 반복적으로 요구해 왔다. 그러나 정부와 여당은 지금도 여전히 이데올로기적 투쟁에만 몰두하고 있으며, 우리 경제를 북한과 같은 수준으로 끌어내리기 위하여 혈안이 되어 있는 듯한 인상을 주고 있다. 노무현 정부와 여당이 국민으로부터 외면당하는 가장 큰 이유는 그들의 거짓말 때문이다. 행정 수도 이전이나 4대 법안은 국가 발전을 위한 것이 아니라 그들의 집권 연장을 위한 수단에 지나지 않는다.

우리의 아픈 과거를 들쑤시는 것보다는 상대국에 대하여 더 적극적인 책임 문제를 거론하고 잃어버린 영토를 회복하고자 하는 의지를 천명하는 것이 필요하다. 특정 언론에 대한 비판은 코드가 같은 방송사에서 철저하게 수행하고 있으므로 규제법안까지 만들 필요가 없다. 국가보안법 역시 더 이상의 악용 사례가 일어나지 않도록 규제하는 정도에 그쳐야 한다. 국민정서에 반하는 정치 세력은 오래 가지 못한다. 정부와 여당이 진정으로 국가발전을 염두에 두고 있다면 장기집권전략으로 구상한 사회혁명 프로그램들을 거두어 들여야 할 것이다. (2004.11.15)

셋··자주국가의 이상과 허상

주한미군 재배치 논쟁

6·5 재·보선에서 열린우리당이 참패한 후 정부와 여당의 정책에 대한 전면적인 점검이 필요하다는 국민적 요구가 증폭되고 있다. 주요 정책의 방향은 현재보다 더 나은 상태로 이끌어간다는 희망을 줄 경우에 힘을 받게 된다. 그러나 미래에 대한 적극적 희망을 제시하지 못한 상태에서 겉도는 정책은 현행 시스템의 기능을 저하시키는 데 그치지 않고 국가 전체에 치명적인 손상을 불러일으킬 수 있다. 특히 국가의 미래를 결정하는 중요한 문제일수록 정확하고 신중한 대처가 필요하다.

가장 긴급한 검토 대상은 주한미군의 주둔에 관한 문제이다. 미국은 이라크 병력 재배치 및 동아시아 지역에서 신속대응군의 전략적 배치 계획 등을 내세워 1만2천명의 주한미군 병력 감축을 통보했다. 또한 한국정부의 입장에 따라 완전철수까지도 고려하고 있다고 밝혔다. 이 과정에서 미국의 일부 언론은 주한미군 철수가 사실상 한국과 미국 정부의 신뢰 와해에서 생겼다는 사실을 숨기려고 하지 않았다.

참여정부는 그동안 과거의 어느 정부보다도 미국에 대해 자주적인 노선을 견지해 온 것으로 알려졌다. 그러나 그러한 자주 노선이 주한미군의 행정 지위를 견제하기 위한 것이었는지, 아니면 주한미군의 군사력을 실질적으로 대체할 수 있는 군사력 증강을 목표한 것이었는지를 분명하게 밝히지 않았다.

이 경우에 주한미군의 감축 또는 철수가 현실적으로 우리에게 얼마만큼 도움이 되는지에 대한 계산도 소개되어 있지 않다. 따라서 참여정부는 주한미군의 감축 또는 새롭게 요구되는 역할 변화에 어떤 입장을 가지고 있는지 국민들에게 분명하게 밝힐 필요가 있다. 맹목적인 사대도 피해야 하겠지만 내용 없는 자주를 외치는 것 역시 지양돼야 한다.

주한미군의 철수 계획은 북한의 핵위협이 고조되면서 급물살을 타기 시작했다. 사실상 북한의 핵 시설물에 대한 미국의 선제공격이 초읽기에 들어갔다가 유보됐던 가장 큰 이유 중의 하나는 전진 배치된 주한미군의 안위 문제였다. 그런데 이와 같은 미국의 고민은 참여정부가 들어서면서 너무나 쉽게 해결됐다. 일부 국민들의 반미감정에 편승한 참여정부의 모호한 자주국방 노선이 미국의 감축 결정에 정당성을 부여했기 때문이다.

그러나 우리의 희망과는 반대로 주한미군이 한반도에서 철수하게 되면 미국은 북핵협상에서 선제공격 카드를 자유롭게 사용할 수 있게 될 것이고, 한반도에서의 전쟁 위기도 그만큼 더 고조될 것이 분명하다.

더군다나 참여정부는 새롭게 형성되는 동아시아 지역에서의 군사력 경쟁에서 우리가 어떤 입장을 취할 것인가에 대한 어떤 정보도 제시하지 않고 있다. 한반도를 둘러싸고 중국,

러시아, 일본, 미국이 이미 군비경쟁에 돌입한 상태에 있다. 일본과 미국의 동맹관계는 확고한 것처럼 보인다. 일본은 극소수의 병력일지언정 이라크에 신속하게 파견함으로써 미국과의 군사동맹에 신뢰를 보여주었다. 미국은 신속대응군의 전초기지를 일본으로 정했으며, 주한미군의 병력 역시 일본에 재배치할 예정이다.

그 반면 우리 정부는 수천명에 달하는 이라크 파병을 약속하고도 아직까지 파병 찬반논란으로부터 자유롭지 못한 상태에 있으며, 주한미군의 역할 확대에 대해서도 분명한 입장을 제시하지 못하고 있다.

참여정부가 미국에 대해 자주 외교를 천명하는 것은 너무나 당연한 일이다. 그러나 우리 정부는 국민적인 반미감정을 정치적으로 이용해 반사이익을 챙겼다는 비난으로부터 자유롭지 못하다. 외교는 이성적, 실리적으로 접근해야 한다.

참여정부가 반미감정에 기대어 반사이익을 얻는 동안 미국 정부 역시 주한미군의 감축 및 철수 결정을 통해 자신들의 전략적 이익을 최대화하고자 했다. 서로의 계산법이 다르다는 사실을 확인한 이상 우리 정부는 보다 분명한 입장을 정리하지 않으면 안 된다. 미군의 계속 주둔이 우리에게 도움이 된다면 더 비싼 대가를 치르더라도 붙들어야 할 것이고, 그렇지 않을 경우 자주국방에 소요되는 예산규모를 공개해 국민적 이해를 구해야 할 것이다. (2004.06.15)

친일진상규명, 왜 하는가?

열린우리당은 2004년 3월 22일에 제정된 '일제강점하친일반민족행위진상에관한법률'이 시행되기도 전에 이 법안에 대한 개정안을 국회에 제출하였다. 국회 의결을 시작하기도 전에 이사건은 정치권에서 치열한 논쟁을 불러일으켰으며, 급기야는 국가 정체성을 둘러싼 이데올로기 논쟁으로 비화될 조짐을 보이고 있다.

나는 개인적으로 친일진상규명에 대하여 적극 찬성하는 입장을 가지고 있으나 진상 규명 작업에 다른 정치적인 의도가 개입되는 것에는 철저하게 반대한다. 이번 법안은 1948년에 제정된 반민족행위 처벌법과는 달리 진상 규명을 목적으로 하고 있으나 벌써부터 그 취지가 왜곡되고 있다. 우리 사회의 일부 지도층 인사들의 친일행적이 이미 파헤쳐진 상태임에도 불구하고 그것이 정치권에서 다시 논란의 대상이 되고 있는 것은 정파적인 이해관계와 연관되어 있음을 말해 준다. 동기가 불순한 것이다.

친일반민족행위 가운데서 가장 중요하고 핵심적인 부분은 독립운동을 저지하기 위한 각종 행위들을 조사하는 것이다. 이 경우에 해당되는 자들은 지위고하를 막론하고 조사 대상이 된다. 두 번째로 국권을 일본에 넘겨주거나 일제치하에서 지도적인 정치적 지위를 가졌던 자를 그 조사대상으로 한다. 이 경우에도 조사대상자는 이미 특정된 상태에 있다. 현재 정치권에서 논란이 되고 있는 세 번째의 유형은 일제통치에 동조한 정도 및 일반적 지위에 관한 규정이다.

개정안에서는 '군대의 중좌'를 '소좌' 이상으로, '전국적' 차원에서의 선전고무 활동을 지역 차원으로 확대하였으며, '중앙의 문화기관 및 단체' 대신에 '문화 예술 언론 교육 학술 종교 등 사회 각 부문'으로 확대하였다. 이로써 박정희 전 대통령, 조선일보와 동아일보, 그 밖의 모든 지도층 인사들이 조사대상에 포함되었다. 그런데 문제는 '군경의 헌병분대장 이상 또는 경찰간부'에서 경찰간부를 '경시'(지방경찰청장) 이상으로 축소되었다는 점이다.

이것은 분명 상식에 반하는 조처이다. 일제치하에서 군인보다는 경찰의 만행이 더 직접적이었다. 군대의 경우 독립적인 작전을 수행하는 것은 대개 중대급 이상이지만, 경찰의 경우에는 일반 형사들까지도 독립적으로 임무를 수행하였다. 그럼에도 불구하고 개정안에서 군대는 소위 이상으로 확대된 반면에 경찰은 지방경찰청장 이상으로 축소되었다. 일부 네티즌들은 이것이 여당의 고위층 인사를 보호하기 위한 조처라고 비난하고 있다.

개정안에는 개악된 부분도 있다. 원안에는 조사위원의 객관성과 공정성을 담보하기 위하여 그 부모 및 조부모가 친일 및 친공 반민족행위자인 경우에는 배제하였으나 개정안에서는 이것이 연좌제라는 이유로 삭제되었다. 그러나 의문사진

상위에서처럼 공산주의 전력을 가진 자가 위원으로 임명될 경우에는 불필요한 오해를 불러일으킬 수도 있다.

또한 개정안에서는 조사목적의 소환에 불응하는 가족들을 강제 처벌할 수 있도록 규정하고 있다. 이는 위헌적 소지를 안고 있는 독소조항으로서 정치적으로 악용될 수도 있다. 따라서 진상조사는 입증 가능한 문서와 자료를 바탕으로 이루어져야 한다. 우리는 민주화 운동의 전력을 가진 정치인들조차도 반민주적으로 변질된 사실에 주의할 필요가 있다. 예를 들면 유인태, 송영길 의원이 박근혜 대표를 비난하는 발언에는 바로 그 연좌제가 작동되고 있기 때문이다. 시어머니를 미워하던 며느리가 시어머니와 닮아있는 격이다.

이번에는 진정한 의미에서 친일진상에 대한 철저한 조사가 이루어져야 한다. 이것이 성공적으로 이루어지기 위해서는 진지한 찬반논쟁과 상호이해가 필수적이다. 보다 더 중요한 것은 노대통령과 여당의 성실성이다. 노대통령이 한일정상회담에서 임기 중 과거사 문제를 공식의제로 삼지 않겠다고 한 것이나 독도를 다케시마라고 불렀던 것은 그렇다 치더라도, 친일진상법 추진 주체들이 이 친일 발언을 문제 삼지 않은 것은 그들의 태도가 이중적이라는 것을 보여준다. 이 시점에서 왜 친일진상규명을 하려고 하는지 생각해보아야 할 대목이다. (2004.07.31)

대북정책의 위기

노무현 정권의 대북정책이 위기에 봉착하였다. 지난 2월 10일 북한 당국이 핵무기 보유를 공식적으로 선언하면서 6자회담의 참여를 거부하였기 때문이다. 그 동안 김정일 국방위원장과의 회담을 추진하기 위하여 국가보안법 철폐를 추진하고 심지어 북핵 문제를 내재적 접근법으로 파악하여 서방세계에 관용을 요구해 왔던 노무현 정권은 당혹감을 감추지 못하고 있다.

지난해에 있었던 유럽과 미국 순방에서 노대통령은 북핵 문제에 대해서 낙관적인 발언을 했으며, 심지어 북한의 핵 보유 노력을 정당화하는 듯한 태도를 취하였다. 물론 노대통령의 발언은 북한이 더 이상 우리 체제의 경쟁상대가 되지 못한다는 기본 전제를 깔고 있었다. 그러나 이러한 믿음은 북한의 사실적 핵무기 보유 발언으로 더 이상 의미가 없게 되었다. 아무리 경제가 앞선다 할지라도 핵무기라는 실질적인 군사적 위협을 제거하기는 어렵기 때문이다.

우리는 노대통령의 발언 배경과 목적을 충분하게 이해할 수 있다. 어떻게든지 북한을 자극하지 않고 신뢰하는 분위기를 만들어서 남북관계를 개선하자는 것일 것이다. 그러나 대통령의 북핵 관련 발언은 정확한 사실과 정보에 기초했어야 했다. 북한이 핵무기를 보유하고 있고 제조기술까지 확보한 것이 사실이라면 지금까지 노대통령은 통치권자로서 중대한 실수를 한 셈이 된다. 따라서 한나라당의 박근혜 대표가 북한의 핵 보유 선언에 대한 책임이 현 정권에 있다고 주장하면서 정확한 배경과 과정에 대한 설명을 요구한 것은 당연한 일이다.

노대통령은 분권형 총리제를 운용하면서 외교와 국방에 관한 한 자신이 직접 챙겨왔기 때문에 정확한 입장과 태도를 밝혀야 할 책임이 있다. 노무현 정권은 그 동안 국내 문제에 관해서는 집요할 정도로 그들의 주장을 관철해 왔으면서도, 그와 직접 관련된 외교 문제에 대해서는 침묵을 지켜 왔다. 북한의 핵과 인권 문제는 물론이고 중국의 고구려사 왜곡과 일본의 침략 및 독도 영유권 주장들에 대한 애매한 태도가 바로 그것들이다.

이와 같은 모호한 태도들은 그 자신의 국가관이나 민족사관이 잘못 형성되어 있음을 반증한다. 이는 국내에서의 정권유지가 국가정체성과 직결된 외교사안들보다 우선적이라고 생각하기 때문에 비롯된 현상들이다. 미국에 가서 한미공조를 깨뜨리는 발언을 하고, 프랑스에 가서 약탈도서 반환요구에 침묵하고, 중국에 대해서 고구려사 왜곡과 간도 영유권 주장을 맞교환하려는 외교 정책은 현 정권의 국가관을 그대로 반영한다. 일본은 계속해서 독도 영유권을 주장하는데, 노대통령은 일본 총리 앞에서 독도를 '다케시마'라고 불렀고, 반기문 장관은 신임 경찰청장의 독도 순시까지 저지하고 있으니 국민들이 이 정권을 어떻게 보아야 할 지 모르겠다.

지금 한반도는 새로운 정치군사적 위협에 둘러 싸여 있다. 그 어느 때보다도 중국과 일본의 위협이 고조되고 있으며, 그 사이에서 미국은 북한을 실제적으로 공격할 수 있는 기회를 노리고 있다. 북한이 핵무기를 보유하고 있다면 동북아의 정세는 한치 앞을 내다볼 수 없을 것이다. 따라서 노무현 정권은 국내의 정치적 기반을 다지기 위해서 과거사 문제에만 매달릴 것이 아니라 다가오는 동북아 위기에 적극 대처할 수 있도록 준비해야 한다.

노대통령은 한반도의 비핵화선언을 고수할 책임이 있다. 북핵문제에 관한 한 대한민국의 대통령으로서 분명한 입장을 천명할 필요가 있다. 북한 정권에 대한 노무현 정권의 태도는 한마디로 소박맞은 여인에 비유될 수 있다. 북한을 대화의 자리로 끌어내기 위하여 우리 사회의 주요한 가치들을 포기한 것이 한두 가지가 아니다. 군 조직이 흔들릴 정도의 대형 사건들은 현 정권의 대북관과 관련되어 있으며, 그 때마다 외교-안보 라인에 이상 기류가 감지되었다. 국방부 백서의 주적(主敵) 개념이 삭제되는가 하면, 유사시 군의 초기 대응지침들이 대폭 수정되기도 하였다. 모든 것을 양보하였지만 그토록 사랑했던 임은 매정하게 돌아서고 말았다.

서정주 시인은 한 송이의 국화꽃을 피우는 데도 소박맞은 누님의 귀향이 필연적인 것이라고 노래하였다. 우리는 노무현 정권의 대북 유화정책이 조국의 평화 통일에 기여할 수 있기를 바라지만, 핵 문제에 관한 한 단호한 태도를 보여야 할 것이다. (2005.02.14)

3·1절 발언 이후

"과거의 진실을 규명해서 진심으로 사과하고, 반성하고, 배상할 일이 있으면 배상하고, 연후에 화해해야 한다." "그것이 전 세계가 하고 있는 과거사 청산의 보편적인 방식이다." 이는 제86주년 3·1절 기념식에서 노무현 대통령이 일본 정부와 일본국민들에게 공개적으로 천명한 내용이었다. 그동안 노대통령은 일본 정부에 대해서 과거사 문제를 외교적 쟁점으로 삼지 않겠다는 입장을 밝혀 왔기 때문에, 이러한 인식 변화는 천동설을 믿던 중세사회에서 "지구가 돈다"고 했던 코페르니쿠스의 지동설만큼이나 혁명적인 것임에 틀림이 없다. 그러나 그의 주장에는 진정성이 결여되어 있다.

다른 한편 자유시민연대 공동대표인 한승조(韓昇助) 고려대 명예교수는 일본의 대표적인 우익잡지 『정론』(正論) 4월호에 기고한 글에서, 일본의 식민지배는 오히려 축복해야 할 일이며, 반민족행위진상규명법은 노무현 정부의 정치적인 사심(邪心)에서 비롯되었다고 주장함으로써 물의를 일으키고 있다. 그는 종군위안부 문제조차도 "전쟁 중에 일어나는 예외적인 현상"이며 공산주의자들 역시 성(性)을 '혁명의 무기'로 사용한다고 하면서, '굴욕을 당했다는 노파를 내세워' 일본에게 보상금을 요구하는 것은 고상한 민족의 행동이 아니라고 주장했다.

노대통령과 한승조 교수가 과거사 문제를 보는 시각에는 미묘한 차이가 있다. 광복 이후 국가권력이 친일세력에 의하여 장악되었다는 사실은 두 사람 모두 인정하고 있다. 한교수는 노대통령의 과거사 입법추진이 좌파적 공세이며 정치적 사심에서 비롯되었다고 비난한다. 여기까지는 이해할 수 있을 것 같다. 그런데 한교수는 일본 제국주의의 한국지배에 대하여 일본 국민들에게 감사해야 한다는 망언으로 치닫고 말았다. 그의 비정상적인 역사의식이 드러난 것이다.

우리 국민들이 그 동안 노대통령의 과거사 입법추진에 비판적이었던 것은 아무런 공포도 느끼지 못하는 평화시대의 관점에서 생명의 위협을 받으면서 나라 없는 시대를 살았던 모든 조상들의 처지를 심판하는 것이 온당하지 않다고 생각했기 때문이다. 국가와 민족을 실질적으로 팔아먹었던 악의적인 매국노의 처단이 급선무일 것이다. 노대통령은 나라 잃은 백성들의 친일행적은 모두 밝히겠다고 하면서도 침략한 일본에 대해서는 과거사 문제를 거론하지 않겠다고 하는 등 지나치게 관용적인 태도를 보여 왔다. 그 때문에 우리는 노대통령이 정치지형의 변화를 통하여 정권을 유지하려는 의도에서 기획한 것이라고 비난해 왔다.

따라서 우리는 이번 3·1절을 계기로 노대통령의 역사인식에 큰 변화가 있었던 사실을 다행스럽게 여기는 동시에 크게 환영하지 않을 수 없다. 우리가 지금 일본에 대하여 분노하는 것은 그들의 식민통치 그 자체에 대해서라기보다는 과거 잘못을 인정하지 않고 반성하지 않는 그들의 파렴치함 때문이다. 이런 상황에서 노대통령의 발언은 일본은 지금까지 진심으로 반성하지 않았고 진정한 사과도 하지 않았으며, 우리 국민들에 대한 배상도 끝나지 않았다는 사실을 분명하게 밝힌 셈이다.

가장 당황한 것은 역시 고이즈미 총리일 것이다. 그러나 그 역시 노대통령의 발언이 국내용일 것이라고 애써 그 의미를 축소하면서 움츠려들고 있지 않은가. 독도에 대한 실효적 지배뿐만 아니라 우리나라의 영토임을 입증하는 수많은 자료들이 계속 발굴되고 있음에도 불구하고 일본이 독도영유권을 포기하지 않고, 심지어 다카노 도시유키(高野紀元) 주한 일본대사가 대한민국에서, 그것도 대한민국의 영토를 유린하는 발언을 하게 된 것은 우리의 외교정책이 근본부터 잘못된 탓일 것이다. 우리는 일본의 독도영유권 주장에 대하여 강력하게 항의하고 과거사 문제에 대해서도 새로운 차원에서 접근할 필요가 있다.

국제전문가들은 우리나라가 머지않아 독도와 간도 문제로 일본, 중국과 영토분쟁에 휘말릴 가능성이 크다고 경고하고 있다. 중국의 역사교과서에 고구려사가 완전 삭제되고 발해사는 이미 중국사에 편입되었다고 한다. 우리 민족의 고유한 역사가 아예 흔적도 없이 사라질 수도 있는 것이다. 대통령의 역사 인식이 민족적 차원에서 다시 한 번 업그레이드되어야 할 시점이다. (2005.03.07)

도덕적 미성숙 국가, 일본

독일 유학시절에 경험한 일이다. 같은 기숙사에 살던 한 일본 학생이 공부를 마치고 이삿짐을 꾸리고 있었다. 아무도 도와주는 사람들이 없었다. 보다 못한 아내가 나에게 거들어 주라고 했다. 오후 2시부터 물건을 치우고 집 청소하는 일들을 도와주었다. 그러던 중 그 일본 학생은 탁자가 필요하면 주겠다고 했다. 나는 아무 생각 없이 그렇다면 고맙게 쓰겠다고 대답했다.

밤 10시가 지나도록 일이 끝나지 않았다. 나는 일본 학생에게 내일 아침 일찍 수업이 있으니 이쯤해서 돌아가겠다고 말했다. 끝까지 도와주지 못해서 미안하다는 말도 했다. 막 나서려고 하는데 그 일본 학생은 내게 일이 끝날 때까지 있어야 한다고 말했다. 그의 표정은 매우 굳어 있었다. 나는 어안이 벙벙해졌다. 고맙다는 인사를 기대하고 있었던 나는 당황할 수밖에 없었다.

나는 그가 이해되지 않아서 되물었다. 순수한 마음에서 당신을 도우려고 왔고, 나의 사정상 더 이상 도울 수 없기 때문에 돌아가려는 것이다. 그런데 왜 이런 나에게 일이 끝날 때까지 도와야 한다고 말하는가. 그의 대답은 뜻밖이었다. 내가 그의 일을 도와주는 대가로 나에게 석재 탁자를 주기로 했으니, 자기 일을 완전히 마칠 때까지 도와야 한다는 것이었다. 그 말을 듣는 순간 나는 꼭지가 돌았다. 나의 순수한 호의가 나도 모르는 어느 순간부터 계약관계로 변질되어 있었기 때문이다.

나는 어떤 대가를 바라고서 그를 도운 것이 아니다. 그가 탁자를 주겠다고 한 것 역시 나는 일에 대한 대가라기보다는 그의 호의 정도로 받아들였다. 그런데 그의 생각은 전혀 달랐다. 그는 나에게 탁자를 주겠다고 한 순간부터 나의 호의를 하나의 계약으로 이해했던 것이다. 그런데 일이 다 끝나기도 전에 내가 돌아가겠다고 했으니 그로서는 내가 자신과의 계약을 어겼다고 생각한 것이다. 그는 일을 끝내지 않으면 탁자를 주지 않겠다고 매우 태연하게 말했다. 나는 처음부터 다시 그에게 설명할 수밖에 없었다.

지금 독도 때문에 온 한반도가 분노로 들끓고 있다. 그러나 우리는 고이즈미가 말한 것처럼 냉정하게 생각할 필요가 있다. 우리는 일본사람들이 우리와 같은 의식구조를 가지고 있다고 잘못 생각하고 있다. 우리가 그들의 의식구조를 알지 못하고서는 결코 그들을 극복할 수 없을 것이다.

지금 고이즈미의 일본은 과거 침략전쟁의 정당화 차원을 넘어서서 새로운 군국주의 국가의 재건을 획책하고 있다. 그들은 지금 대한제국과 청국에 대한 침략통치가 아시아 제국의 역사발전에 기여하기 위한 필연적 조처였다고 강변하고 있다. 그러므로 종군위안부를 징발하고서 자발적인 매춘종사자들이라고 왜곡하고서도 양심의 가책을 느끼지 않는 것이다. 그들의 국가관에는 양심이 들어설 자리가 없는 것이다.

일본사람들은 신을 매우 좋아한다. 일본 국토는 신이 육화된 것이고, 일본 천황은 신 그 자신이다. 그러나 그들의 신앙에는 일관성이 없다. 야스쿠니 신사에 안치된 전범자들 역시 그들에게는 신이다. 사무라이는 원수를 죽인 후에 그를 다시 신으로 추앙한다. 그들의 머리 속에는 왜곡된 신관으로 가득 차 있으며, 거기에는 도덕성이 존재하지 않는다. 이처럼 신과 국가에 대한 일본인들의 신앙은 군국주의와 연결되어 있다.

미국의 저명한 교육심리학자 콜버그가 제시한 도덕의식의 발달단계로 본다면, 아직도 많은 일본인들은 징벌을 피하기 위해서 행동하는 가장 낮은 1단계에 머물러 있다. 그리고 대부분의 일본인들은 국가법을 지키는 제4단계에서 발달을 멈춘 상태에 있다. 더구나 히틀러의 나치즘이나 일본의 군국주의 체제에서는 도덕성 발달을 왜곡하는 현상이 일어난다. 그 체제 속에 갇혀 있는 국민들은 부도덕한 일을 행하면서도 자신들이 옳다는 신념까지 가지고 있다.

그들에게는 대다수의 행복을 우선적으로 생각하는 공리주의적 5단계와 인류가 보편적으로 추구해야 할 도덕적 원리의 6단계에 대한 의식이 전혀 없다. 지금 신군국주의자들은 독도 영유권 주장으로 일본인들의 무의식에 잠재된 정신병리적 충동을 부추기고 있다. 그래서 노무현 대통령은 인류의 보편적 가치를 부정하는 일본인들과의 공존이야말로 세계의 불행이라고 말한 것이다. (2005.04.12)

창(窓) 없는 단자

노무현 대통령이 언론사 논설위원들과의 대화에서 자신이 무엇을 잘못했는지 구체적으로 지적해달라고 요구했다고 한다. 대다수의 국민들이 알고 있는 사실을 대통령 혼자서만 모르고 있지는 않을 것이다. 어떤 경우에도 자신의 잘못을 인정하지 않으려는 그 독특한 캐릭터 속에 문제가 은폐되어 있다. 전시 작전권 일원화, 소득양극화 해소, 인사정책, 대언론 문제 등에 대한 그의 언행들은 여전히 일방적이다.

현재 첨예한 문제로 부각되고 있는 한미연합사의 전시 작전권 문제만 하더라도 노대통령은 환수 주장이 잘못된 것이 아니고, 사람들이 자신을 미워하기 때문에 환수정책까지도 맹목적으로 반대하는 것이라고 밝혔다. 그러면서 이승만 대통령이 국회 동의 없이 작전권을 미국에 넘긴 것은 위헌적인 행위였다고 지적하는 것도 잊지 않았다.

지금 우리 국민들 중에 노대통령처럼 생각하는 사람은 그렇게 많지 않을 것이다. 국민들이 우려하는 것은 미국의 도움 없이도 우리가 북한이나 중국, 그리고 심지어는 일본과의 전쟁을 자주적으로 수행할 수 있느냐의 여부인 것이다. 그런데 노대통령은 국민들이 자신을 미워하기 때문에 작전권 환수

정책을 반대할 뿐만 아니라, 자신이 좌로 가면 좌로 간다고 비판하고 우로 가면 우로 간다고 비판한다고 불평하고 있다.

노무현 정부는 전시 작전권 환수 문제가 주한미군 철수 혹은 한미군사동맹체제에 어떤 영향도 주지 않을 것이라고 낙관하는 한편, 헌법 72조가 정한 국가안위 및 안보에 대한 중대 사안이 아니라고 판단함으로써 국민투표에 회부하라는 야당의 제안조차도 거부하고 있다.

그러나 역대 국방장관을 지냈던 군사전문가들이나 미국 학자들의 견해는 전혀 다르다. 우선 군사전략적인 면에서 한국군의 정보능력이 취약하기 때문에 미국과 일본의 정보협조 없이 단독으로 작전통제권을 행사하는 것은 무모할 뿐만 아니라, 주한미군의 추가 또는 완전 철수가 필연적일 수밖에 없다는 것이다. 정부의 견해와는 완전하게 상치된다.

정치외교적인 면에서도 한미연합사의 작전권 완전 이양은 한미간의 동맹관계를 약화시킬 가능성이 크며, 북한을 비롯한 다른 국가들과 외교 및 군사상의 분쟁에 휘말릴 경우 미군의 개입을 요청하기 위하여 자존심 이상의 높은 대가를 치를 수밖에 없다고 경고하는 사람들이 많다.

'대통령의 눈물'로부터 시작된 '감성의 정치'는 전시 작전권 환수를 주권의 문제로 각인시킴으로써 국민감정을 자극하려는 데서 그 절정에 이르고 있다. 그러나 전시 작전권이 주권적 차원보다는 전쟁 억지력이나 수행능력이라는 실용적 차원에서 고려되어야 한다는 주장도 만만치 않다.

국민의 생명과 재산을 보호해야 할 대통령이 군사적, 경제적, 외교적 고려 없이 국가 안위와 직결되는 전시 작전권을 일방적으로 단일화 하려는 것은 무모하기 짝이 없다는 것이다.

근대 독일의 철학자 라이프니츠는 이 세상에는 무수한 단자(모나드)들로 가득 차 있으며, 그 각각의 단자들은 외부와의 관계가 모두 단절되어 있다고 말했다. 그러나 이 단자들은 외부 세계와 교섭할 수 없음에도 불구하고 신의 예정에 의하여 기계적으로 작동함으로써 조화로운 세상을 유지할 수 있다고 주장하였다.

창없는 단자들에게는 예정조화가 필수적이다. 모든 구성원의 의견과 권리가 중시되는 민주주의 사회에서는 논의 절차에 의한 합의 도출이 필수적이다. 그런데 지금 노대통령은 창없는 단자와 비슷하다는 생각이 든다. 신적인 예정조화나 다른 단자들과의 소통 없이 좌충우돌하는 그 눈먼 단자말이다. (2006.08.20)

전시작전권, 주권의 문제인가?

한미연합사가 보유하고 있는 전시작전권은 한국 정부와 미국 정부의 합의에 의하여 행사되도록 규정되어 있다. 노무현 정부는 전시작전권의 공유가 주권국가에서 있을 수 없는 일이라는 판단에서 최 단시간 안에 환수할 방침을 천명하였다. 우리의 국방능력에 대한 평가는 안중에도 없었다.

한반도를 둘러싸고 미국과 중국과 일본이 새로운 각축전을 벌이고 있는 이 때에, 전시작전권을 환수하는 것이 과연 주권의 문제인가를 냉철하게 따져볼 필요가 있을 것이다.

전직 국방장관들에 이어서 전직 경찰 총수, 그리고 주요 외교관들조차도 전시작전권의 무조건적 환수에 따른 국방력 공백사태를 우려하여 반대 성명을 발표하고 있다.

얼마 전에는 우리나라의 대표적인 원로 지식인 그룹이 이른바 '선진화국민회의'라는 기치를 내걸고 전시작전권 환수에 대한 반대 입장을 표명한 바 있다. 이들 중 상당수는 국제정치학, 정치학, 교육학, 경제학, 국제경제학, 정책학, 행정학, 역사학, 인문학, 법학, 언론학, 사회학계의 대표적인 학회에서 회장직을 수행했던 원로 또는 중진학자들이었다.

당연히 필자가 속한 철학계 인사들 중에서도 김태길 학술

원 회장 등 10여명의 전직 한국철학회장들이 이 모임에 참여하였다. 선진화국민회의에 참여한 인사들은 대개 현직 교수들이 많은 데다가 각 학계를 대표하는 주요학회의 전직 회장들인 까닭에 그 영향력이 지대할 수밖에 없을 것이다.

이들 지식인들은 북한이 핵개발의 추진과 함께 미사일 발사 등 한반도와 국제사회의 안보를 심각하게 위협하고 있는 상황에서, 대북 전쟁 억지력의 근간이었던 한미연합사의 전시작전권 공유정책을 훼손하는 것은 치명적인 위험을 불러올 수 있다는 이유에서 환수 추진의 즉각적인 중단을 요구하였다.

우리는 이들 지식인들이 전시작전통제권을 미국에게 무조건 맡기자고 찬양하는 어리석은 사대주의자들이라고 생각하지 않는다. 이들 지식인들 역시 힘을 길러서 자주국방을 해야 한다고 똑같이 생각하고 있다. 문제는 군사력은 신념의 문제가 아니라 현실적인 힘의 크기에 의하여 결정된다는 것이다. 그래서 아무런 준비 없이 화를 자초하려는 노무현 정부의 무모함에 대하여 항변하고 있는 것이다.

노무현 정부는 북한이 전쟁을 도발할 처지에 있지 않으며, 미사일 발사 등 작금의 군사도발은 단순히 자기방어용이라고 해석하고 있다. 그러나 우리는 북한과 아무런 평화협정도 체결하지 못한 상태에 있다. 북한은 언제라도 우리나라에 무력도발을 감행할 수 있으며, 그 경우에 북한의 장사정포 및 미사일 공격을 피할 수 있는 유일한 수단, 즉 북한의 도발과 함께 그것을 즉각 무력화시킬 수 있는 방어용 선제공격능력을 보유하는 것이 필수적이다. 그리고 그것은 바로 주한미군과의 철저한 공조체제일 수밖에 없다.

수많은 전문가들은 미국과의 전시작전권 공유가 미국의 일방적인 대 북한 작전을 통제하는 데 적절한 수단이 될 수 있다고 지적한 바 있다. 이렇게 되면 그것은 주권의 문제가 아니라 효율적인 전략의 문제인 것이다. 우리가 주권이라는 허울에 사로잡혀서 현실적인 군사력의 균형을 깨뜨린다면 우리 스스로 전쟁을 자초하는 누를 범하게 되는 것이다.

일부 학계에서는 전직 회장들이 학회의 이름을 도용했다고 아우성이다. 혹자는 선진화국민회의에 서명한 학회 회장의 사퇴를 강요하기도 한다. 그러나 전직 학회 회장들의 성명발표는 학회의 대의성을 도용한 것이 아니며, 그들 자신들의 개인적인 주장에 불과하다. 더 나아가서 그것은 인기에 영합하기 위하여 준비도 없이 전시작전권을 환수하려는 노무현 정부의 무모함을 꾸짖는 광야의 소리일 뿐이다.

(2006.09.11)

북핵사태에 대한 정부 여당의 모호한 태도

북한의 핵실험이 던진 우리 정치권에 대한 여파는 거의 치명적이다. 전직 대통령들은 위기의 해법보다는 책임공방에 빠져들었으며, 이러한 사태는 조율을 통하여 해결방안을 모색하겠다는 노무현 대통령을 더욱 어지럽게 만들고 있다. 우리 정치권은 이미 핵폭탄이 터진 것이나 마찬가지의 혼란에 빠지고 말았다.

북한의 핵실험을 받아들이는 노무현 대통령의 표정도 우리를 헷갈리게 한다. 미국의 부시 대통령은 너무나 긴장된 얼굴 표정으로 북핵사태에 대한 응징을 주장하는 반면에, 노대통령은 빙긋이 웃는 태도로 선문답식 대화를 즐기고 있다. 햇볕정책을 계속 추진하는 것은 곤란하지 않겠느냐는 것이다. 그러나 그것은 진심이 아니었다.

얼마 전까지만 해도 노대통령은 북한 핵실험 자체에 대하여 확증이 없다는 이유에서 느긋한 태도를 유지하였다. 그리고 핵실험이 현실화된 지금도 역시 느긋하기는 마찬가지이다. 이런 막중한 사태가 일어났을 경우에 위기관리가 적절하게 이루어지고 있다는 조짐은 어디에서도 찾아볼 수 없다.

남북간 경협이나 금강산 관광 등이 계속 유지되어야 하는

지에 대한 지침도 없는 것처럼 보인다. 대통령은 이 사태를 대수롭지 않은 것으로 여기는 것 같다. 여당의원들의 인식 역시 마찬가지이다. 북한의 핵개발이 대남한용이 아니라 다른 용도라는 것이다. 언제부터 그들이 북한 정권을 대변하게 되었는지 이해할 수 없다.

정부 여당은 북한의 핵개발이 한반도 정세에 미칠 영향을 무시하거나 과소평가하는 것이 분명하다. 북한의 핵개발 자체에 대한 대책을 강구하기보다는, 자신들의 대북정책이 핵개발을 도왔다는 비난을 막기에 급급하고 있다. 북한의 핵개발은 햇볕정책 때문이 아니라 미국의 강경한 대북정책 때문이었다는 해괴한 논리를 내세우기도 한다. 상황이 급박함에도 불구하고 정부 여당은 이처럼 자신들의 정당화 논리 개발에만 몰두하고 있다.

유엔이 북한 제재 프로그램을 작동할 경우에 우리 정부가 어떤 입장을 취할 것인지도 확실하게 밝혀지지 않고 있다. 모든 것이 안개 속에 있는 것이다. 정부 여당은 북한의 핵실험에 대한 정확한 입장을 밝혀야 한다. 그동안 우리의 지원이 북한의 핵개발에 실질적인 도움을 준 것이 사실이라면 노무현 정권은 국민들 앞에서 책임있는 사죄를 하고 후속조처를 강구해야 할 것이다.

정부 여당의 일각에서 주장하는 것처럼 북한의 핵개발이 남한을 겨냥한 것이 아니고 일본과 미국을 응징하기 위한 것이라고 해도 지금처럼 미온적으로 대처해서는 안 될 것이다. 미국은 한국과 일본에 대한 공격을 미국에 대한 공격으로 간주하겠다는 확고한 동맹의지를 보여주고 있는데, 우리 정부와 여당의 지도자들은 북핵이 우리를 겨냥한 것은 아닐 것이라고 회피하는 것은 무책임하고 부끄러운 일이다.

북한의 핵보유에 따른 정부 여당의 입장은 분명하고 단호해야 한다. 북핵을 완전 폐기하도록 전방위적 압박을 가하든지, 아니면 우리들 역시 전술 핵무기를 배치해야 할 것이다. 이른바 미국의 핵우산 속에서 안보의 빈틈을 보완해야 한다. 북핵이 누구를 향한 것이든지 그것이 자유 민주주의 질서를 파괴하기 위한 것이라면 우리는 단호하게 대처해야 할 것이다. 그러나 우리 정부는 그럴 의지가 없다.

북한이 핵보유를 포기하지 않을 경우에 북한 정권은 국제사회의 비난을 받아 마땅하다. 우리 정부 당국자들은 이 점에 유의해야 한다. 지금 우리 주위에 북한의 핵개발에 박수를 보내는 무분별한 사람들도 적지 않다는 사실 때문에 정부 여당이 오판을 해서는 안 될 것이다. 정부 여당은 북한의 핵보유를 가능하게 했던 모든 지원을 즉각 중단함으로써 확고한 의지를 보여주어야 한다. (2006.10.11)

넷··가중되는 정치혼란

‘저주의 정치’가 부른 정치테러

5·31 지방선거를 앞두고 일어난 박근혜 한나라당 대표에 대한 테러를 두고서 여러 가지 해석이 난무하다.

한나라당과 박근혜 대표는 섣부른 음모론을 경계하고 나섰으며, 열린우리당에서도 야당의 정치적 이용 가능성에 신경을 곤두세우고 있는 것 같다.

그러나 열린우리당의 정동영 의장이나 강금실 서울시장후보 등의 초조한 표정에서 볼 때 이 사건은 이번 선거전에 결정적인 영향을 미친 것이 분명하다. 사건을 들여다보면 그 이유가 분명해진다.

이 사건의 팩트는 무엇일까? 2004년 8월부터 1년 동안 청와대 국정홍보비서관을 지낸 바 있는 ‘노무현을 사랑하는 모임’(노사모)의 노혜경 대표는 우리의 궁금증을 풀어주고 있다. 그녀는 “다소 영웅심리가 있는 사회 부적응자가 박대표에게 칼을 휘둘러 얼굴에 상처를 냈다는 게 이번 사건의 기본 팩트(사실)”라고 규정하면서, 이 사건이 ‘정치적 음모’로 발생한 것이 아니라고 주장했다.

박혜경 대표는 어떤 근거에서 ‘정치적 음모’가 아니라고 단정하는 것일까? 정치적 음모가 개입되었는가는 아직 어느 누구도 단정할 처지에 있지 않다. 그런데도 그녀는 "60바늘 꿰맸다니 성형도 함께 한 모양"이라고 비아냥거릴 정도의 가벼운 해프닝쯤으로 생각해서 네티즌의 비난을 사고 있다.

이 사건에 '정치적 음모'가 없을지는 아직 두고 볼 일이다. 그러나 분명한 것은 이 사건이 노대통령의 취임초기부터 이미 예정된 하나의 필연적 귀결로 읽혀질 수 있다는 것이다.

팩트를 다시 살펴보자. 서울 한 복판에서 한 괴한이 야당 여성 대표의 목을 문방구용 칼로 그었다. 가해자 지모씨(50)는 14년 4개월간 복역한 전과 8범의 사회 부적응자였으며, 언론 보도에 의하면 김대중 전 대통령과 노무현 대통령을 지지하는 성향을 가지고 있었다. 현장에서 난동을 부리던 박모씨(52)는 열린우리당의 기간 당원으로 밝혀졌다.

기존 사회질서에 적개심을 가진 사람들이라고 하면서도 한나라당 박근혜 대표를 테러 대상으로 삼은 이유를 우리는 바로 이 사실에서 찾을 수 있다. 참여정부 출현 이후 우리 사회가 상생과 통합의 이념에서 멀어지고 분열과 상극을 일삼는 '저주의 정치'에 제물이 된 것도 이와 밀접한 관련이 있다. 조장된 측면이 있는 것이다.

과거사법을 처리하는 과정에서 정동영 의장은 박근혜 대표를 향하여 '독재자의 딸'이라고 직격탄을 날렸다. 고 박정희 대통령의 공과(功過)를 무시하고 독재자로만 규정한 것이다. 사학법을 통과시킬 때는 한나라당 의원들이 아예 회의장에 들어올 수 없도록 차단하기도 했다. 이같은 발언과 태도는 박대표를 사회 부적응자들의 공적(公敵)으로 각인시키기에 충분했다.

따라서 주요 언론들의 사설에서 이 사건이 '독선과 투쟁', '낡은 이념적 잣대로 국민 편가르기' 등, '증오의 정치문화'를 통하여 사회 구성원들에게 막연한 적개심을 부추겨서 일어났다고 지적한 것은 충분한 근거가 있다.

물론 노대통령의 참여정부와 열린우리당의 정치실험이 모두 잘못되었다는 것은 아니다. 남북간 화해와 사회복지 정책에 다소의 진전이 있었고, 과거의 잘못을 청산하려는 노력도 있었다. 그러나 이런 일들을 추진하기 위하여 우리 국민들이 감내해야 했던 고통은 이루 말할 수 없었다.

이제 저주의 정치에서 벗어나야 한다. 이를 위하여 정부와 여당은 이 사건을 처리함에 있어서 한 점 의혹 없이 공명정대하다는 것을 보여주어야 한다. 세풍과 병풍사건을 담당했던 이승구 서부지검장에게 검경합동수사본부장을 맡겨서는 안 된다는 한나라당의 주장을 즉각 수용하는 것은 그 작은 시작이 될 것이다. (2006.05.22)

한나라당 압승의 정치적 의미

5·31 지방선거에서 한나라당이 압승했다. 16개 광역단체장 가운데서 한나라당은 12석을 석권했으며, 광주와 전남은 민주당, 전북은 열린우리당, 그리고 제주는 무소속이 각각 차지했다. 사실상 지방은 한나라당의 집권이 시작된 것이다.

노무현 정부와 열린우리당은 전·현직 장관들을 대거 지방선거에 출정시키는 등 이번 선거에 모든 것을 걸었음에도 불구하고 완전 참패하자 충격에서 헤어나지 못하는 것 같다. 2004년 노대통령에 대한 탄핵발의에 분노한 국민들이 국회 과반의석을 여당에 몰아주었던 것과 반대로 이번 지방선거는 노무현 정부와 여당에 대한 국민소환의 성격을 띠고 있다.

그러나 정부와 여당은 국민들 앞에서 자신들이 행한 바에 대하여 진솔하게 반성하기보다는 정략적인 정계개편에 착수할 듯하여 걱정이 앞선다. 노무현 정부와 열린우리당으로서는 더 이상 안 된다는 것이 이 선거에서 보여준 국민들의 뜻이다. 이를 겸허하게 수용하기 바란다. 그것은 노대통령의 통치철학과 국정운영 방식에 대한 전면적인 수정에 대한 요구이자, 남은 임기 동안 그저 조용히만 있어달라는 무언의 압력인 것이다.

정부와 여당은 이번 선거의 특성상 낮은 투표율 때문이라고 둘러댈 수도 없게 되었다. 한나라당 당선자들의 득표율이 대부분 60~70%대에 달하는 등 절대적인 지지를 받고 있기 때문에 정부와 여당에게는 변명의 여지조차 없다. 정동영 당의장과 김원기 국회의장의 출신지인 전북도지사 자리 하나만 여당에게 돌아갔다. 이 점에서 보면 문재인 전 수석이 말한 것처럼 참여정부는 '부산정권'이 아니라 '전북정권'으로 드러난 셈이다.

민주당은 고건 전 대통령 권한대행을 정점으로 개혁세력 대연합을 구상하는 것처럼 보인다. 그러나 이러한 시도는 호남지역을 스스로 고립시키는 악수가 될 수 있다는 점에서 조심스럽게 접근할 필요가 있다. 열린우리당과 민주당의 결합은 호남 정치세력을 중심으로 이루어질 수밖에 없다. 이렇게 나갈 경우 지역갈등은 현재보다 더 심화될 우려가 있으며, 고건 후보를 등에 업은 민주당의 정치실험 역시 실패로 끝날 가능성이 크다.

현재 박근혜, 이명박, 고건의 지지율이 비슷하게 나오는 상황에서 박근혜와 이명박 두 후보가 한나라당 경선 이후 단일화가 이루어지면 고건 후보와의 편차가 커질 수밖에 없으며, 민주당의 필패로 이어질 수 있기 때문이다. 따라서 민주당은 이 기회에 지역성을 초월할 수 있는 정계개편 방안, 예를 들면 한나라당과의 대통합 등에 대해서 숙고해 볼 필요가 있다.

대부분의 언론에서는 이번 선거에서 여당의 참패 원인을 한나라당의 정치능력보다는 노무현 정부의 무능과 독선에서 찾는 경향이 우세하다. 한마디로 한나라당이 잘해서 승리한 것이 아니라는 것이다. 그래서 일부 언론은 한나라당이 오만에 빠져 노무현 정부가 애써 이룩한 부동산 투기억제와 사학법 등 기득권층의 이권과 관련된 법안과 정책들을 되돌리려고 할 경우에 또 다른 역풍을 불러올 것이라고 경고하기조차 한다.

이번 지방선거에서 한나라당의 압승은 1년 6개월 후의 대선에서 집권할 수 있는 기반을 구축했다는 정치적 의미를 갖고 있다. 따라서 한나라당은 국민들이 노무현 정부와 여당을 심판한 이유를 분명하게 파악하여 개선할 수 있도록 노력해야 한다. 앞으로 남은 1년 6개월 동안 한나라당 지배하의 지방정부들이 얼마나 정치발전에 기여했는가가 대선에서의 승리를 결정하게 될 것이기 때문이다. (2006.06.01)

반성없는 정부와 여당

선거 참패 후 여당과 정부가 서로 책임을 전가하는 등 자중지란에 빠진 상태에서, 일부 여당 의원들이 정부 정책에 대한 재검토가 필요하다고 요구했다가 다시 거두어들이는 해프닝이 일어났다.

2006년 지방선거에서 대참패를 당한 여당은 혼란에 빠진 뒤 결국 어떤 자성과 변화의 몸짓도 보이지 못한 채 주저 않고 말았다. 부동산, 세제 등 주요정책에 대한 재검토 요구가 정부에 의하여 전면 거부되는 등, 여당으로서의 기능을 완전 상실된 상태에서 비상대책위 체제로 전환할 수밖에 없게 되었다. 이로써 여당은 사실상 와해 국면에 들어선 셈이다.

그 동안 반복적으로 대통령직을 내걸었던 노대통령은 누가 보아도 완전 패배한 선거결과에 명쾌하게 승복하지 않은 배짱을 내보였다. 이른바 '민심의 흐름' 발언은 보수 언론의 대표적인 논객조차도 한나라당에게 직접 경고할 정도로 전략적으로 복잡한 계산을 깔고 있었다.

서울 강남주민들을 주요 타격 목표로 삼았던 노대통령의 부동산 대책은 수많은 유탄을 뿌렸다. 정부의 의도와 관계없이 20% 정도 상향 조정된 전국의 공시지가는 서민들의 세부담을 가중시켰다. 복지정책의 강화로 서민들에게 돌아오는 이익보다 직접적인 세부담의 증가가 더 큰 압박을 주었던 것이다.

20%의 부유한 시민들에 대한 증세로 80%에 달하는 국민들의 복지를 향상시키겠다는 정부의 약속은 실종되고 말았다. 80%의 국민들 역시 증세 정책의 희생물이 된 것이다. 아무런 개발계획도 없는 산골 마을의 주택 공시가격이 20% 정도 상향 조정된 것은 바로 정부 정책이 실패했다는 것을 뜻한다.

이런 취지를 알아챈 일부 여당 의원들은 부동산 및 세제 정책에 대한 보완을 요구했으나 정책 수정의 여파가 정권 자체를 삼킬 수도 있다는 위기의식에서 없던 일로 주저앉고 말았다. 정권의 안위가 국민생활의 불편보다 더 크게 여겨진 셈이다. 결국 이 같은 여당의 안일한 의식은 앞으로의 대선에서 결정적인 패배 원인이 되기에 충분하다.

상당수 여당인사들은 고건 전 대통령권한대행을 중심으로 하는 새로운 정치세력이 형성될 경우 정계개편이 불가피하다고 보고 있다. 민주당과 여당의 주요 지지기반인 호남세력, 그리고 합리적인 개혁세력과 온건 보수세력이 총 결집할 경우 한나라당에 필적할만한 대선 구도를 만들 수 있다고 보는 것 같다.

그러나 국민들의 시선은 예전과 같지 않다는 것을 알아야 한다.

두 번씩이나 기회를 주었음에도 불구하고 국민생활을 더 어렵게 만든 책임을 이제 참여정부와 여당이 고스란히 떠맡

아야 하기 때문이다. 이번 선거에서 국민들이 표출한 정서는 현 정부와 여당이 '무조건 싫다'는 것이었다.

선관위와 일부시민단체가 매니페스토 운동을 추진했지만 그 역시 국민 정서에 역행하는 처사였다. 무조건 싫다는데 정책선거를 하라는 것은 사실상 정부 여당을 지지하라는 것이나 마찬가지 논리였기 때문이다.

정부와 여당이 더욱 더 반성하고 긴장해야 하는 이유가 여기에 있다. 국민적 지지가 이미 떠난 상황을 확인하면서도 정권을 유지하기에 급급하는 것이 바람직한 것인가도 생각해 볼 필요가 있다. 어떻게 보면 가까운 시일 안에 대선을 치르고 정권을 이양하는 것이 가장 양심적인 해결책일지도 모른다.

일부 언론인들과 정치학자들은 이번 지방선거 결과가 곧바로 다음 대선에 영향을 주지는 않을 것이라고 강변하고 있다. 그러나 이들은 국민들의 정서 상태를 의도적으로 곡해한 측면이 있다. '무조건 싫다'는 것은 위험수위를 이미 넘어선 인격적 관계의 파탄을 뜻하기 때문이다.

이번 지방선거에서 정권창출을 위한 교두보를 마련한 한나라당이 다가오는 전당대회에서 문호를 전면 개방하고 외연을 확대하는데 성공할 수 있다면 집권하는데 큰 어려움은 없을 것이다. 지금 국민들이 바라는 것은 평화적인 정권교체이기 때문이다. (2006.06.28)

바다이야기는 망국의 노래인가?

노무현 정부의 주요 정책들이 연이어 좌초되고 있으며, 그로 인하여 국민이 부담해야 할 피해액은 상상할 수조차 없는 천문학적 규모에 이르고 있다.

전 국민에게 회자되고 있는 바다이야기는 이미 망국의 서곡이 되었다. 참여정부가 모든 사람에게 도박에 참여할 수 있는 길을 열어주었기 때문이다. 노무현 대통령도 사태가 왜 이렇게까지 되었는지 알지 못했다고 한다. 자신도 모르는 사이에 참여정부의 이상이 완전하게 실현된 것이다. 사람들은 그의 정부를 도박공화국이라고 부른다.

그 정확한 피해액이 어느 정도인지 아는 사람은 아무도 없다. 지난 1년 동안 유통된 경품 상품권의 규모만 하더라도 약 30조원이란다. 서울시의 1년 예산이 15조원이고, 국방부 예산이 23조원이니, 얼마나 큰 규모인지 짐작할 것이다. 상품권의 환전 수수료 10%만 해도 3조원이다.

바다이야기 관계자들이 이미 수천억원의 수입을 올린 것은 차치하더라도 게임기 제조사와 상품권 발행사가 각각 1천억원 이상의 수입을 올렸다고 하고, 정부 관련 기관들도 최소한 5백억원 이상의 순수익을 벌어들였다고 한다. 정부 및 국회 관련자들에게 뿌려진 로비자금의 규모가 밝혀지지 않은 상태에서, 전국 1만5천 개의 오락실 업체들이 상납한 뇌물액 규모만 하더라도 9백억에서 1천5백억원에 달한다고 한다.

문화관광부는 바다이야기를 퇴출시킬 방침을 가진 것으로 알려지고 있지만, 그 경우에 전국 업소의 폐쇄에 따른 비용이 얼마나 클 지 짐작조차 할 수 없다. 도박업을 허용한 것도 무대포였지만 그것을 처리하는 방식 역시 무모하기 짝이 없다.

바다이야기가 서민들의 가계를 위협하는 것과 마찬가지로 노무현 대통령의 전시 작전권 환수 정책은 결국 우리나라의 생존권까지 위협하는 상황으로 치닫게 되었다. 노무현 정부는 2012년 환수를 목표로 하여 자주국방 예산으로 약 150조원을 투입할 계획이었던 것으로 알려졌다. 물론 노대통령은 그 이전에 환수하더라도 아무 문제가 없다는 인식이었다.

부시대통령이 즉각 반응했다. 한국정부의 의사를 존중하라는 것이다. 한나라당에 대해서도 전시 작전권 환수가 한미동맹체제를 위협하지 않으며, 환수 이후에도 주한미군은 철수하지 않을 뿐만 아니라 더 굳건한 협력체제가 구축될 수 있다고 설득했다는 것이다. 그런 후에 럼스펠트 미국방장관은 한국정부에게 전시작전권을 2009년까지 완전 이양할 것이며, 주한미군의 비용 분담을 동등하게 할 것을 요구해왔다.

싸울 때는 싸워야 한다는 노대통령의 철학에 대해서 미국정부는 그의 의사를 전폭 수용한 것이다. 노대통령이 부시를 이긴 것처럼 보인다. 과연 그럴까? 그렇게 승리한 대가로 노대통령은 2011년까지 투입해야할 자주국방비 150조원을 2008년까지 신속 집행해야 한다. 한국정부가 스스로 자주국방을 하겠다니 해외 군사비 증가로 골머리를 앓고 있는 미국정부로서는 여간 고마운 일이 아닐 수 없을 것이다.

미국으로서는 절호의 기회를 얻은 셈이다. 한국민의 반미정서가 한국정부의 수뇌부로 확산되는 상황에서 미국정부의 선택은 분명할 수밖에 없다. 더구나 미국은 해외 주둔 미군 재배치 정책으로 한국정부와 갈등을 일으킬 필요가 없었다. 한국정부의 의사를 수용하면서도 주한미군의 방위분담금 증액을 요구할 수 있었기 때문이다.

북한이 그렇게도 바래왔지만 수천 명의 간첩으로도 해낼 수 없었던 이 엄청난 과업을 노무현 정부는 단숨에 해결해 주었다. 세금폭탄으로 징수한 재산세와 바다이야기 수익금만으로 안 될 것이다. 그래서 바다이야기 다음에 무슨 이야기를 들려줄 지 궁금하지 않을 수 없다.

(2006.08.28)

60년 전으로 회귀하는 정권

노무현 정권의 과거사로의 회귀정치가 절정에 달하고 있다. 핵심적인 코드는 친좌파적 부동산 정책, 한미연합사 전시 작전권의 한국정부로의 이양, 그리고 친일파 소유 재산의 몰수 정책이 바로 그것이다.

이들 정책들은 현상적으로 볼 때 애국애족의 사상에 바탕을 두고 있으며, 지금까지 척결되지 않았던 사회비리와 부정을 일소하는 동시에 민족 자주 갱생의 길로 인도한다는 취지에서 마냥 부정적인 것만은 아닌 것처럼 보인다. 그러나 이러한 과거회귀적 정책들이 왜 현재의 시점에서 새삼스럽게 문제가 되는지에 대해서는 의아해하는 사람들이 많다.

노무현 정권이 연이은 선거 참패에도 불구하고 스스로 찬란한 업적으로 내세우고 있는 부동산 정책은 그들 자신이 내세운 취지에 비추어 볼 때 완전 실패작이라 하지 않을 수 없다. 근본을 바로 잡으려고 하지 않은 데서 비롯된 현상이다.

어떤 짓을 해서라도 강남의 아파트 투기는 반드시 때려잡겠다는 현 정부의 히스테릭한 집착이 나은 결과는 너무나 어처구니없는 것이었다. 그들 스스로 즐겨 사용했던 '세금폭탄'이 터짐으로써 애꿎은 서민들만 다치게 되었기 때문이다. 폭탄을 던지려면 목표물을 더 정확하게 겨냥하고, 주변에는 피해가 없도록 신중을 기했어야 했다. 그러나 그 폭탄은 목표물뿐만 아니라 인근 지역까지 무차별적으로 유린했다.

덩치가 큰 목표물은 그런 파편들에 맞아도 끄떡하지 않겠지만, 중산층과 서민들에게 그 파편들은 치명적인 것이었다. 그래서 국민 모두가 현 정권에 대하여 등을 돌리게 된 것이다. 기본과 상식과 절차를 무시한 것은 물론이고 서민사회에 대한 기본적인 배려가 조금도 없는 무지막지한 정책이었다.

지금까지는 시세대로 실거래가 이루어졌다 하더라도 공시지가를 기준으로 신고하는 것이 관행이었다. 그래서 대부분의 국민들은 매입가를 당시의 공시지가보다 낮게 신고했다. 그런데 정부는 대부분의 공시지가를 상향조정하고 재산세도 대폭으로 인상함으로써, 세금이 서너배로 오른 곳까지 생겨났다. 가히 사회주의 혁명의 완성이라고 볼 수 있다.

여기에다가 매매라도 할 경우에는 신고가액과 실거래가액의 차이가 커져서 천문학적 규모의 세금폭탄을 면할 길이 없게 되었다. 보유세가 무거워 들고 있을 수도 없고 거래세가 무서워 팔 수도 없게 되었다. 그래서 지금 대다수의 국민들은 정부가 세금수탈을 하는 것보다 차라리 모든 부동산을 몰수하라고 반발하고 있다. 자본주의의 종말이 온 것이다.

국민들이 불안해하는 것은 이것만이 아니다. 북한의 미사일 발사를 전후하여 한미 공조체제가 와해되는가 싶었더니, 이제는 전시 군작전권 환수 문제로 국민들을 두 파로 갈라서 싸우도록 만들었다. 마치 60년 전에 신탁과 반탁운동으로 거리를 누볐던 것과 흡사하다. 문제는 우리 정부가 실제적인 전쟁 억제능력과 수행능력을 보유하고 있는지에 대해서 회의적으로 바라보는 국민들이 많다는 것이다.

또한 정부는 친일부역자의 재산을 몰수하는 작업에 몰두함으로써 시계를 더 오랜 과거로 돌려놓았다. 이러한 조치는 지금까지 부동산을 그대로 가지고 있는 사람들에게는 유효하겠지만, 이미 재산을 처분해버린 사람들에게는 아무런 제재도 가하지 못한다. 이로부터 당연히 형평성의 문제가 제기될 수 있으며, 이처럼 비원칙적인 처리 방식은 다른 문제들에 대해서도 정의감을 의심하게 만들 것이다.

이와 같은 일들은 노무현 정부의 유치한 치적주의에서 비롯되었다고 볼 수 있다. 국가의 덕목은 바로 정의의 실현에 있다. 그러나 정부는 성급한 정책 남발로 인하여 국론분열이 일어나지 않도록 유의해야 한다. (2006.08.14)

국민과의 약속을 지키는 대통령

대선이 가까워진 것을 실감나게 하는 일들이 생겨나고 있다. 2002년 12월 18일 노무현 후보와의 공조파기를 선언하였던 정몽준 의원이 4년 동안의 침묵을 깨고 파기 이유를 밝혔다. 노후보의 북미관계에 대한 인식의 차이가 컸기 때문이라는 것이다. 물론 언론에서는 그것만은 아닐 것이라고 떠들고 있다. 이유 있는 추측이다.

4년 전의 이 사건에 대해서 말을 아껴온 사람들이 많을 것이다. 많은 생각들이 있을 수 있다. 노무현 후보와 정몽준 후보의 공조파기 사태를 바라보면서 4년 전에 필자는 우리 정치인들의 약속체계에 은폐되어 있는 근본적인 불신 구조를 지적한 바 있다.

당시 민주당 경선에서 승리한 노무현 대통령 후보는 정몽준 후보와의 단일화 협상에 들어갔으며, 여론조사 방식으로 최종 후보를 결정한 바 있다. 그러나 노무현 후보와 정몽준 후보의 단일화 및 공조 선언은 결국 파기되고 말았다. 선거 승리만을 위한 허술한 약속체계가 결정적인 원인이었다.

당시 언론은 정후보가 공조를 통해서 기대할 수 있었던 것들을 노후보가 선거 유세과정에서 단호하게 부정했던 것으로 보도하였다. 정후보가 공조파기를 선언하자 노후보와 정대철 선대위원장 등이 평창동에 있는 정후보의 자택 앞에서 면담을 요구하였다. 양측의 만남은 이루어지지 못했다. 노후보의 당선이 확정되자 정후보는 12월 20일에 대 국민 사과성명을 발표하였다.

노무현 대통령당선자는 더 이상 정대표와의 문제를 챙기려 들지 않았다. 그러한 행위는 필자에게 대통령직을 수행할 사람으로서 참으로 무책임하다는 인상을 주었다. 왜 당시 노당선자는 정대표를 불러서 그가 납득할 수 없는 행동을 했는지 확인하려고 하지 않았던 것일까? 노당선자가 정말로 정대표와의 공조를 소중한 것으로 생각했더라면 그가 오해한 부분이 무엇인지를 풀어주고 5년 동안 국정의 동반자로 삼았어야 옳았다.

노무현 대통령당선자는 그렇게 하지 않았다. 자신의 목표가 성취된 마당에 자신을 떠난 사람을 붙들고 하소연할 필요가 없다고 생각했을지도 모른다. 그러나 그것은 국민대통합의 약속을 스스로 깨고 자신의 성실성과 정책을 송두리째 부정하는 시작에 불과하였다.

자신을 대통령후보로 지명하고 결정적인 지지를 몰아주었던 민주당과의 결별은 결국 전대미문의 대통령 탄핵사태로 이어졌으며, 열린우리당의 대승에도 불구하고 곧바로 국민들이 대통령과 여당으로부터 등을 돌리는 참담한 정치 현실로 이어졌다.

김대중 정부의 대북송금사건을 수사한다면서 현대 정몽헌 회장을 자살로 내몰고 말았던 노무현 정부는 결국 햇볕정책을 계승하였으며, 북한의 핵실험을 막아내는 데 실패함으로써 한반도의 위기를 고조시키는데 일조하였다.

북한이 핵실험을 할 수밖에 없는 사정을 납득할 수 있다는 것이 바로 노무현 대통령의 시국관이다. 미국에 대해서는 전시 작전통제권의 환수가 가급적 빠를수록 좋겠다는 입장을 전달하였으며, 그 때문에 심각한 국론분열과 안보위기를 불러왔던 것도 사실이다.

열린우리당에서 자체해산을 선언하는 의원들이 줄을 잇는 상황에서도 노대통령은 아랑곳하지 않고 김대중 전 대통령과 연대하여 새로운 정계개편을 모색하고 있다는 언론의 보도가 계속되고 있다. 참으로 한심한 노릇이다.

우리는 무능하고 불성실한 대통령을 원하지 않는다. 우리가 바라는 대통령은 국민과의 약속을 존중하는 대통령이다. 자신의 정치 파트너는 물론이고 자신의 정당과 지지자들에게 끝까지 약속을 지키기 위하여 고심하는 성실한 대통령을 모시고 싶다.

우리 주변에는 상식적으로 생각하고 신실하게 행동하는 그런 훌륭한 분들이 넘쳐나고 있다. 이번에는 반드시 국제정세에도 밝고 학식과 덕망과 경륜을 갖춘 분을 우리의 대통령으로 모셔야 할 것이다. (2006.11.11)

3김시대로의 회귀

3김의 움직임이 심상치 않다. 북한 핵실험 사태로 DJ의 햇볕정책이 도마 위에 오르자 노대통령은 DJ를 지지하였고, 이후 노무현 대통령과 DJ를 주축으로 한 정계개편 시도에 대한 보도들이 무성하였다. YS와 JP의 회동은 바로 이에 대한 반작용인 것이다. 이들이 나설 경우에 우리는 3김시대로의 회귀를 피할 수 없을 것이다.

3김의 재등장을 부추긴 사람은 바로 노무현 대통령이다. 이것은 또한 그가 내세운 개혁정치가 실패했다는 결정적인 증좌이기도 하다. 역사의 장막으로 사라져야 할 사람들이 지역적 기반에 기대어 현실정치에 다시 영향력을 행사하려는 것은 참으로 꼴불견이자 우스꽝스러운 일이다. 그러나 결코 그들만을 탓할 수도 없는 일이다. 노대통령 자신이 그렇게 만들었기 때문이다.

국민통합을 캐치프레이즈로 내걸었던 노무현 정권의 현재 모습은 단순한 지역갈등의 차원을 넘어서 노사모와 안티세력, 강남과 강북, 친북파와 친미파 등, 전면적인 갈등 국면에 빠져들고 말았다. 지식인 사회의 분열상 역시 심상치 않다. 북핵사태와 전시작통권 환수 문제, 그리고 한미 FTA 결사저지와 전교조 문제를 한 데 묶어서 일방적 지지를 이끌어내려는 움직임이 있는가 하면, 그 각각의 사안들에 대하여 복잡한 이해관계를 들추어내려는 움직임도 만만치 않다.

지금 우리 사회는 모든 것에 대하여 모든 구성원들이 제각각의 목소리를 내고 있는 듯하다. 그렇기만 하다면 걱정할 일은 아닐지 모른다. 토론공화국을 지향한다면서 토론의 규칙을 마음대로 바꾸는 독재와 파시즘이 횡행하고 있으며, 합리성과 개혁을 추구한다면서 코드인사와 일방주의에 사로잡히고 말았다. 부시의 미국을 견제한다는 노대통령의 통치형태가 가장 부시적이라는 치명적인 역설이야말로 우리 국민들을 곤혹스럽게 하고 있다.

헌법학자들마다 전효숙 헌법재판관의 사임 종용과 재임용은 위헌적 발상이라고 지적하고 있음에도 불구하고 도무지 청와대 사람들의 귀에는 들리지 않는 모양이다. 오죽 했으면 구약시대의 선지자들이 귀 있는 자만 들으라고 했겠는가? 완악한 무리들에게는 온갖 진리가 무용할 수밖에 없는 것이다. 도대체 무엇 때문에 상식과 경험적 일상으로부터 일탈하는 것만이 옳다고 생각하는 것일까? 도대체 왜 뜻있는 사람들의 말을 듣지 않는 것일까?

노무현 정권은 DJ의 유령에 홀려 있다. 지금 우리는 DJ 한 사람의 체면을 살리기 위해서 모든 것을 걸어야 할 처지에 있지 않다. DJ는 자신의 의중을 분명하게 밝혀야 한다. 북핵사태는 햇볕정책의 부산물이 아니라는 증거를 댈 수 있는지, 북핵을 폐기하기 위해서 우리가 무엇을 어떻게 해야 하는지 분명하고도 구체적으로 밝혀야 한다. 미국의 북한 정책이 실패했다고 비난만 할 것이 아니라 대안을 제시해야 할 것이다.

DJ는 자신의 정당성 주장을 위하여 호남을 볼모로 잡고 있다. 일개 정치신인에서 일국의 대통령으로 이끌어주었던 민주당을 배반한 노대통령이 열린우리당을 만들었을 때도 DJ는 자신의 분명한 의중을 내비치지 않았으며, 분열된 호남 세력들 사이에서 지금까지 줄타기를 즐겨왔던 것이 사실이다. 이제 그 장난을 멈추어야 한다.

그가 목포 방문에서 썼다는 '무호남 무국가'(無湖南 無國家)'는 시대착오적이자 망국적인 이데올로기임에 분명하다. 이와 같은 퇴행적 사고가 YS와 JP의 재등장을 부추겼다면, 우리나라의 정치 발전을 훼손한 데 대한 그의 책임은 막중할 수밖에 없을 것이다.

"사물은 저것 아닌 것이 없으며 또한 이것 아닌 것도 없다"(物無非彼 物無非是)는 장자(莊子)의 한 구절이 떠오른다. 모든 주장에 일리야 없지 않겠지만, 그래도 국록을 먹고 명예를 회복했으면 자신의 체면보다는 국가의 안위를 먼저 생각하는 것이 마땅한 일이다. (2006.11.16)

치매환자는 자신이 한 일을 알지 못한다

노대통령이 또 일을 저지르고 말았다. 느닷없이 4년 연임제 개헌 문제를 들고 나왔기 때문이다. 국민 여론이 부정적인 것으로 나왔음에도 불구하고 대통령 고유 권한을 내세워서 강행할 생각인 것 같다.

노대통령의 계속되는 실정(失政)은 국민에 대한 신뢰 상실에서 비롯된 것이라고 여러 번 지적한 바 있다. 얼마 전에 그는 남은 1년 동안 경제살리기에 최선을 다하겠다고 약속했으며, 어떤 일이 있더라도 부동산 문제는 반드시 잡겠다고 공언하기도 하였다. 그리고 국무회의도 직접 챙겨 나가겠다고 밝혔다.

정치권에서나 대다수 국민들은 그가 대선 과정에 어떤 형태로든지 개입하는 것을 바라지 않는다는 시그널을 분명하게 보여주었기 때문에, 이와 같은 대통령의 입장 표명을 적절한 것으로 받아들였다.

그러나 그 역시 곧 번복되고 말았다. 하루도 빠짐없이 부적절한 발언들이 쏟아졌으며, 자신이 했던 발언에 역행하거나 대통령의 고유직무를 부정하는 위험한 발언들조차도 서

승치 않았다. 발언 자체가 즉흥적이고 충격적인 데다가 다양한 해석이 가능한 특징을 가지고 있었다. 그래서인지는 몰라도 문제 발언이 있을 때마다 반드시 청와대 대변인의 해명성 논평이 뒤따르는 촌극이 계속되었다.

노대통령은 그런 취지에서 발언하지 않았는데 나쁜 언론들이 악의적으로 해석하고 왜곡했다는 것이다. 그리고 대통령은 정치를 잘하고 있는데 일부 언론들이 왜곡된 보도를 일삼고 있다는 것이다.

노대통령의 언론관은 확실히 피해망상과 편집증에 사로잡혀 있다. 과거 탄핵 당시에 노대통령을 거들어주었던 주요 방송사들이 지금은 조중동 3대 신문보다 더 비판적인 논평을 내보내고 있다는 사실을 알아야 한다.

며칠 전에 노대통령은 지금까지 아무리 생각해보아도 부동산 정책 말고는 자신이 잘못한 것이 없다고 단언하면서, 앞으로도 계속해서 할 말은 해야겠다고 으름장을 놓았다. 이에 대한 언론과 방송의 반응은 참으로 냉소적이었다.

노대통령은 그 동안 당정분리 원칙을 내세워 여당의 존재를 무력화해 왔으면서도, 여당이 이제 통합신당을 꾸리려고 하자 강력한 불만을 토로하면서 자기주장을 강화하고자 하였다.

지금 새로운 화두로 내던진 4년 연임제 개헌안 역시 노대통령의 독선적인 가치관이 적나라하게 드러나 있다. 5년제 단임안으로는 책임정치를 구현할 수 없으며, 대통령과 국회의원의 임기가 같아야 효율적인 정치를 할 수 있다는 생각들이 그렇다. 그리고 이번이 아니면 또다시 20년을 기다려야 한다는 주장도 그렇다.

노대통령이 망각하는 것이 있다. 대다수의 국민들은 지금 같은 행태로 국정이 위임될 경우에 5년 단임의 임기조차 너무 길다는 것이다. 대통령은 임기에 관계없이 책임정치를 해야 한다. 지금 같으면 임기가 3년이면 좋겠다고 생각하는 사람들도 많다. 그래서 중임제를 한다면 3년 중임제가 더 좋을지도 모른다.

그런데 이보다 더 중요한 문제는 왜 1년 동안 경제에 심혈을 기울여서 살기좋은 나라를 물려주겠다고 다짐했던 노대통령이 입술의 침도 마르기 전에 개헌을 통한 정계개편을 시도하려는 것인가이다.

지금 여론은 노대통령이 추진하는 개헌 논의 자체가 부적절하다는 것이다. 국민들이 더 이상 대통령을 믿지 않고 기대하지 않겠다는데 무엇 때문에 무리수를 두려고 하는지 이해할 수 없다.

치매환자들은 온 방안을 어지러 놓고서도 자신이 무엇을 잘못했는지를 알지 못한다. 그것은 선악의 문제가 아니라 정상적인 능력의 문제이다. 노대통령이 진정으로 무엇을 잘못했는지 알지 못하는 처지에 있다면 자신의 근본부터 다시 성찰해볼 필요가 있을 것이다. (2007.01.10)